Kleine Schritte

Kleine Schritte

auf dem Weg des Buddha

von

Ayya Khema

aus dem Englischen von Gudrun Heidecke

12 Vorträge zur buddhistischen Praxis

für die Nonnen und Anagarikas (Nonnen auf Zeit)
auf Parappuduwa Nuns Island
Sri Lanka

Originalausgabe
"Little Dust in our eyes"
Sri Lanka 1988

Jhana Verlag

CIP-Kurztitelaufnahme der Deutschen Bibliothek

Khema Ayya
Kleine Schritte: Auf dem Weg des Buddha
12 Vorträge zur buddhistischen Praxis/von Ayya Khema

1. Aufl. - Uttenbühl

Jhana-Verl., 1992
Einheitssachtitel: Little Dust in our Eyes

Titelbild: Susan Reilly
Umschlaggestaltung: Roland Wildgruber
Photographie Seite 2: Roland Wildgruber

1. Auflage 1992

Satz: Michael Kiesow

ISBN 3-928396-03-X

Inhalt

Danksagung

Die folgenden 12 Vorträge wurden auf Parappuduwa Nuns Island in Sri Lanka für die Nonnen und Anagarikas (Nonnen auf Zeit) gegeben und dort durch die Großzügigkeit meiner Schüler gedruckt.

Meine liebe Assistentin, Gudrun Heidecke, hat nun das Ganze vom Englischen ins Deutsche übersetzt, was nicht ohne Schwierigkeiten und humorvolle Mißverständnisse der Sprache ablief. Mein inniger Dank ist ihr hiermit ausgesprochen.

Claudia Haager hat sich viele Stunden an den Computer gesetzt und das ganze Buch eingegeben. Ohne ihre liebe Mithilfe könnte dieses kleine Werk noch nicht erscheinen. Vielen Dank auch ihr.

Heinz Roiger ist nicht nur Berater und Unterstützer, sondern auch Verleger des Buches und ich bin ihm für alle Mithilfe dankbar.

Roland Wildgruber hat sich, wie bei allen meinen Büchern, des Umschlages angenommen. Seine künstlerische Fähigkeit ist für uns alle eine große Hilfe, die wir häufig in Anspruch nehmen. Innigen Dank dafür.

Zuletzt, aber nicht weniger herzlich, wendet sich mein Dank an Susan Reilly, Mutter und Photographin von Sarah (8 Monate alt), die auf dem Umschlag abgebildet ist.

Die Unterstützung meiner Mitarbeiter, Freunde und Schüler ist für mich der Ansporn, diese *Dhamma*-Vorträge zur Veröffentlichung zu bringen.

Sollten sich Fehler eingeschlichen haben, bitte ich um Nachsicht. Die Lehre des Buddha ist hier durch meine eigene Praxis interpretiert und daher auch nicht durchgehend gleichbleibend beschrieben, da dies ja ein sich ständig erneuernder Wechselprozeß ist.

Ich hoffe, daß dieses kleine Buch Freude, Aufmunterung und neues Verständnis in einige Herzen bringen wird. Unser aller Arbeit wäre dann mit Erfolg gekrönt.

Ayya Khema

Buddha-Haus, Allgäu den 1. Dezember 1991

Vorwort

Überall scheinen intelligente Menschen von dem Gefühl durchdrungen zu sein, daß sich die Zustände in der Welt ständig verschlechtern, so daß es friedliebenden Nachbarn immer schwerer fällt, nicht in schwierige und furchterregende Situationen hineingezogen zu werden.

Es wurde ausdrücklich vom Buddha gelehrt, daß wirklicher Frieden und echtes Glück nicht innerhalb weltlicher Bedingungen gefunden werden können. Nicht nur verändern sich diese ständig, sondern sie haben auch nicht genug Ausmaß und Tiefgründigkeit, um die Sehnsucht in unseren Herzen nach wahrer und andauernder Zufriedenheit zu stillen.

Dieser kleine Band von *Dhamma*-Vorträgen wird hier angeboten, um einen Weg aus unseren Problemen und unserem Leiden zu zeigen, um eine Vorstellung von dem Weg des Buddha zu absolutem Frieden und Glück zu vermitteln. Wenn irgend jemand dadurch inspiriert wird, diesen Pfad von Sittlichkeit, Meditation und Einsicht zu praktizieren, würde unserer Welt schon geholfen sein.

Ayya Khema

Buddha-Haus, Uttenbühl
den 1. Dezember 1991

I
Der Pferdebändiger

Zu Zeiten des Buddha lebte ein Mann namens Kesi, dessen Beruf Pferdebändiger war. Eines Tages kam er zum Buddha und sagte, daß er bei seiner Arbeit des Pferdezähmens die Pferde auf vier verschiedene Arten behandle. Eine bestimmte Art Pferd brauche er nur anzusprechen und mit den Beinen zu dirigieren und das Pferd würde gehorchen. Dann gäbe es eine andere Art von Pferd, dem er die Peitsche zeigen müsse, aber er müsse sie nicht gebrauchen. Es gäbe eine dritte Art Pferd, bei der er die Peitsche tatsächlich benutzen müsse, um es zum Aufhorchen zu bringen. Doch er wäre auch einer Art Pferd begegnet, bei der alle drei Methoden fehlgeschlagen wären: Dieses Pferd sei so unbrauchbar, daß er es erschießen müsse. Er wollte die Meinung des Buddha dazu hören.

Der Buddha erwiderte: "Ich mache genau dasselbe mit meinen Jüngern."

Kesi war erstaunt: "Du bist ein Mönch, ein Buddha, ein Erleuchteter, ein Einsiedler, und Du würdest das tun? Du würdest einen Schüler töten, wenn er Dir nicht gehorcht?"

Der Buddha sagte: "Es ist so. Es gibt bestimmte Schüler, zu denen ich nur einmal sprechen muß und sie verstehen sofort, sie sind leicht zu erziehen. Es gibt auch Schüler, denen muß ich erklären, daß sie schlechtes *Karma* machen, wenn sie nicht gehorchen. Wenn sie das oft genug hören, werden sie es schließlich verstehen. Und es gibt solche Schüler, denen ich gewisse Disziplinen auferlegen muß, wie sie sich zu verhalten haben. Dann lernen sie es nach einiger Zeit. Aber es gibt auch Schüler, bei denen keine der drei Methoden funktioniert und solche erschieße ich; ich töte sie."

Kesi sagte: "Ich kann das nicht glauben. Ich habe niemals gehört, daß Du jemand getötet hättest!"

Der Buddha erwiderte: "Wenn ich einen Schüler töte, bedeutet das, daß ich ihn oder sie nie mehr belehren werde. Was das *Dhamma* betrifft, ist dieser Schüler tot. Auf diese Weise töte ich sie. Nur wenn ich sie belehre, sind sie für das *Dhamma* und für mich am Leben." Kesi war befriedigt und verabschiedete sich.

Wenn wir diese Geschichte hören, müssen wir uns auch an die letzten Worte des Buddha erinnern: "Seid Euch selbst eine Insel, seid Euch selbst eine Zuflucht; praktiziert mit Fleiß." Er erwähnte oft, daß Menschen dem *Dhamma* - der Lehre - folgen sollten und nicht ihm, dem Lehrer. Wenn wir diese Worte hören, dürfen wir sie nicht mißverstehen, indem wir denken, daß das *Dhamma* in unseren Herzen schon ohne die Lehre und den Lehrer existiert. Wenn das so wäre, wären wir alle längst erleuchtet.

Im Gegenteil, wir können von Herzen dankbar sein, nicht nur, daß die Lehre für uns existiert, sondern daß es auch Lehrer gibt, die sie darlegen können. Wenn wir keinen Gebrauch von dieser Gelegenheit machen, könnten wir getötet werden. Denn wenn wir jetzt nicht lernen, könnte das *Dhamma* für uns später nicht mehr zugänglich sein. Wenn wir die gegenwärtige Gelegenheit nicht mit all unserer Kraft nutzen, sind wir im Inneren schon gestorben. Es mangelt uns an der Offenheit, etwas Neues zu akzeptieren und wenn wir nicht zur Veränderung bereit sind, könnten wir genau so gut schon tot sein.

Hoffentlich sind wir Schüler der ersten Art. Solche, denen es nur einmal gesagt werden muß und sogleich wird die Wahrheit von ihnen verinnerlicht; solche Schüler sind allerdings rar. Es gibt jedoch einige, die leicht verstehen, was getan werden muß, aber trotzdem nicht in der Lage sind, dies sofort nachzuvollziehen, weil ihnen ihre Unreinheiten noch im Wege stehen. Sie verstehen, daß der Läuterungsprozeß absolut erforderlich ist; sie können ihre eigenen Schwierigkeiten erkennen und akzeptieren die Tatsache, daß Geduld und Zeit eine Veränderung mit sich bringen werden. Zur Zeit des Buddha wurden die Schüler *sāvakas* genannt, was "Hörer" bedeutet, jemand, der hört und zuhört. Das muß gehört und praktiziert werden, um in Herz und Geist eine Veränderung zu bewirken.

Viele Menschen brauchen die Androhung schlechten *Karmas*, der höllischen Bereiche, um zu heilsamem Verhalten genötigt zu werden. Man muß ihnen die Peitsche zeigen. Darum sagte der Buddha: "Scham und Furcht sind die Hüter der Welt." Diese Menschen brauchen die Angst vor Bestrafung, um angespornt zu werden. Der Buddha erwähnte, daß ein weiser Schüler Angst davor hat, in Gedanken, Worten und Taten einen falschen Schritt zu machen, weil er weiß, daß es zu seinem eigenen Nachteil wäre.

Versuchungen entstehen ständig. Der Buddha saß unter dem *Bodhi-Baum* - nur Momente trennten ihn noch von der Erleuchtung - und Versuchungen kamen auf. Die Töchter *Māras* (des Versuchers) bemühten sich, ihn vom Meditationsplatz wegzulocken. Wenn in einem Menschen von solchem Format, mit solchen Fähigkeiten und Errungenschaften noch Versuchungen aufsteigen können, wird es uns leichter verständlich, wie oft wir zu falschen Gedanken, Worten und Handlungen verführt werden können und wir werden uns daher besser davor schützen können. Furcht kann hochkommen, daß Unheilsames für uns selbst Leid verursacht. Jeder hat seine eigenen Versuchungen und Verunreinigungen, paßt auf seine eigenen Angelegenheiten auf. Jeder ist mit sich selbst beschäftigt. Wem kann ich also schaden? Nur mir selber. Es kann die Idee hochkommen, daß es Dummheit ist, sich selbst wehzutun. Offensichtlich machen gewöhnliche Menschen Fehler; doch wie kann man ein wildes Pferd bändigen? Indem man die gleiche Lektion immer wieder durchnimmt.

Ein Pferdebändiger muß sehr geschickt sein. Ich weiß nicht, ob jemand von Euch ein noch nicht zugerittenes Pferd einmal gesehen hat. Sie laufen überall umher, tun, was immer sie wollen und bringen sich so in alle möglichen Schwierig- keiten. Manchmal bringen sie sich tatsächlich selbst um, wenn sie eine Schlucht herunterstürzen und sich die Beine brechen. Ein Pferdebändiger muß seine Anordnungen oftmals wiederholen, um sich selbst und sein Pferd zu schützen. Aber wie Ihr aus der Geschichte des Buddha ersehen könnt, sind auch der Wiederholung Grenzen gesetzt.

Wenn wir zu der am weitesten verbreiteten Art der Menschen gehören, so befürchten wir, Falsches zu tun und je mehr wir die Gefahr erkennen, desto weniger werden wir in Versuchung geraten. Das bedeutet nicht, daß wir vor anderen Menschen, dem Lehrer, dem oder irgend etwas Heil- samem Angst haben. Wir fürchten nur unsere eigenen Unreinheiten und versuchen, sie zu verkleinern. Wir erkennen sie in uns selbst, nicht als unsere Feinde, sondern als unsere Herausforderungen. Sie sagen zu uns: "Wirst Du in diese Falle hineinfallen oder nicht? Wirst Du mich loswerden oder nicht?"

Es ist nicht zweckmäßig, von unseren eigenen Unreinheiten entmutigt zu werden, was nur einer weiteren Negativität entspräche. Das einzige, was wir mit dem Unheilsamen unternehmen können, ist dessen Anwesenheit zu bemerken und es als Herausforderung zu benutzen. Wenn das Leben keinerlei

Herausforderungen enthielte, würde es sehr langweilig werden. Darum sollten wir jeden Tag etwas Neues lernen, um unsere Denk-, Sprech- und Reaktionsmuster in Frage zu stellen. Wenn wir das nicht tun, graben sie immer tiefere Furchen, so daß wir sie nur sehr schwer ändern können.

Wenn wir nicht zu den Menschen zählen, die Angst davor haben, falsch zu handeln, dann muß uns Angst eingeflößt werden. Daher sprach der Buddha von der Peitsche, die benutzt werden müßte. Er hatte Schüler, die sich so schlecht aufführten, daß er sie schärfstens ermahnen und schelten mußte. Er mußte Regel nach Regel einführen, so daß wir eine *Vinaya* (Ordensregeln) in fünf Bänden haben. Die Angst vor Bestrafung ist die Peitsche.

Einmal, als das schlechte Benehmen der Mönche extrem war, ging der Buddha in den Wald und sagte: "Ich habe meine Jünger alles gelehrt, was ich nur weiß, aber einige sind unbelehrbar." Die Überlieferung berichtet, daß ein Elefant und ein Affe ihm täglich Mangos und Bananen zum Essen brachten. Nach drei Monaten baten die Laienanhänger den Buddha zurückzukommen, weil die anderen Mönche nicht in der Lage waren, sie so gut zu belehren wie der Buddha.

Wenn alle Ermahnungen keinen Erfolg hatten, verbot der Buddha tatsächlich einem Mönch die Kommunikation mit der übrigen *Sangha* und unterrichtete ihn nicht länger. Dies passierte dem armen Channa. Channa hatte eine Art an sich, die die anderen Mönche verärgerte. Er gab vor, ein besonderer Freund des Buddha zu sein. Als der Buddha noch Prinz *Siddhārtha* war, war Channa nämlich sein Wagenlenker gewesen. Er gewöhnte sich an, "unser Buddha" oder "mein Buddha" und "unsere *Sangha*" oder "meine *Sangha*" zu sagen, als ob er mit dem Buddha gemeinsam die *Sangha* gegründet hätte und als ob der Buddha ihm mehr gehöre als anderen. Anstatt Meditation zu praktizieren, verärgerte er alle mit seiner Ausdrucksweise und hörte auf keinen der älteren Mönche, die seine Lehrer hätten sein können. Schließlich verhängte der Buddha die höchste Bestrafung über ihn: Keine Kommunikation mit irgendeinem Mönch! Dies schockierte Channa so sehr, daß er bald darauf *Arahantschaft* (Erleuchtung) erlangte.

Der Buddha bestrafte Channa, weil er keine andere Art sah ihn zu erziehen, und auch, um die anderen Mönche vor einer geistigen Belästigung zu beschützen. Dies war gleichbedeutend mit dem Töten eines Schülers, indem er ihn nicht länger beachtete.

Ein Lehrer muß entsprechende Methoden anwenden, um verschiedene Menschen zu unterrichten. Einmal kam ein westlicher Yogi zu Ajahn Chah, der ein sehr bekannter Meditationslehrer in Nordost-Thailand ist. Er sagte zu ihm: "Verehrter, ich bin ganz unsicher und weiß nicht mehr, was richtig und was falsch ist. Manchmal sagen Sie einem Schüler, daß er irgend etwas tun soll und dann höre ich, wie Sie einem anderen genau das Gegenteil sagen. Was soll ich denn glauben?" Ajahn Chah erwiderte: "Wenn ich ein Auto sehe, das auf der Straße ständig nach rechts ausschert und in Gefahr kommt, in den rechten Graben zu fahren, werde ich dem Fahrer ganz bestimmt den Hinweis geben, nach links auszuschwenken. Wenn ich einen Wagen sehe, der ständig nach links ausschert und Gefahr läuft, in den linken Graben zu fallen, so werde ich dem Fahrer sagen, er soll sich mehr nach rechts ausrichten. So kann ich beide vor einem Unglück bewahren, obwohl einer nach links fahren muß und der andere nach rechts."

Ein Mensch mag Ermutigung und Unterstützung bei seinen Schwierigkeiten brauchen und ein anderer vielleicht Ruhe und Selbstbeobachtung. Der einzige gemeinsame Nenner, den wir erkennen können, ist die Notwendigkeit, am Schwinden unserer Unreinheiten zu arbeiten. Je mehr wir sie bei uns behalten, desto mehr schaden wir uns selbst. Läuterung von Gedanken, Sprache und Handlung ist das Rezept. Die Medizin ist die höchste Anstrengung, unsere Gedanken in die richtigen Gleise und Kanäle zu lenken und dadurch werden gute Worte und Handlungen folgen. Es wäre gut, wenn ein Schüler Angst hat, das Falsche zu tun, damit er sein Wachstum zur spirituellen Emanzipation nicht schädigt.

Wenn wir keine Angst davor haben, Schlechtes zu tun, wird unsere Entwicklung so stark beeinträchtigt, daß wir uns am Ende selber töten - natürlich nicht körperlich - sondern geistig und emotionell. Da nichts statisch ist, sondern sich alles ständig verändert, bewegen wir uns in unserem Reifungsprozeß entweder vorwärts oder rückwärts, aber wir können niemals auf einer Stelle stehenbleiben. Der einzige Mensch, um den es sich bei dieser Anstrengung handelt, sind wir selbst. Alle anderen sind die Kulissen oder das "Verdienstfeld". Wir können gutes *Karma* erwerben, indem wir freundlich, rücksichtsvoll und hilfsbereit zu anderen sind, und dennoch warten unsere Unreinheiten auf unsere persönliche Zuwendung.

Wir müssen lernen, mit dem Leben geschickt umzugehen. Wir mögen glauben, wir wüßten, wie wir leben sollten, nur weil wir am Leben sind. Aber wieviele Menschen sind darin wirklich gewandt? Wenn wir Herz und Geist so erzogen haben, daß sie voll Frieden sind, dann steigt Freude in uns auf. Unsere eigenen Schwierigkeiten nehmen ab, so daß wir reichlich Gelegenheit haben, anderen gegenüber hilfreich zu sein. Wenn wir diese Fähigkeit haben, dann sind wir tatsächlich der lebende Beweis für das .

II
Rollenspiel

"Die ganze Welt ist eine Bühne und alle Männer und Frauen nur Schauspieler" schrieb Shakespeare. Der Buddha hätte diesen Ausspruch bestimmt gutgeheißen.

Wir können diese Behauptung etwas weiterführen und uns vorstellen, daß wir berühmte Schauspieler/innen mit wichtigen Rollen wären. Vielleicht spielen wir einmal die Königin im "Sommernachtstraum" oder ein anderes Mal Gretchen im "Faust" oder Macbeth's Frau und versuchen, jede Rolle sehr gut auszufüllen. Bevor wir auf die Bühne gehen, ziehen wir in der Garderobe das entsprechende Kostüm an und gehen dann hinaus, um unseren Text so gut wie möglich aufzusagen. Wir bekommen vielleicht etwas Applaus und sind dann ganz zufrieden. Wenn wir in die Garderobe zurückkommen, ziehen wir unsere Straßenkleidung an und gehen nach Hause. Wir glauben dann nicht länger, daß wir Macbeth's Frau sind, oder doch? Oder vielleicht die Königin im Sommernachtstraum oder Gretchen? Wir sind dieselbe, die wir waren, als wir von zu Hause fortgingen.

Während einer Karriere von zwanzig oder dreißig Jahren werden wir unzählige verschiedene Rollen gespielt haben. Denkt nur einen Moment daran, wieviele Rollen Ihr in diesem Leben schon gespielt habt: Tochter, Schwester, Studentin, Freundin, Geliebte, Mutter, dies sind nur einige. Weiter: Sekretärin, Buchhalterin, Gärtnerin, Köchin, Kindermädchen, so viele verschiedene Rollen... Jedes Mal habt Ihr wahrscheinlich auch ein anderes Kostüm angezogen; man trägt ja nicht im Büro dieselbe Kleidung wie beim Kochen oder Gärtnern zu Hause. Verschiedene Rollen, verschiedene Kostüme!

Schwierig wird es, wenn wir glauben, daß wir diejenige sind, die die Rolle spielt. Wenn eine Schauspielerin nach Hause geht, ist sie weiterhin Kathryn Hepburn oder wie immer ihr Name sein mag. Aber jedes Mal, wenn wir eine andere Rolle in diesem Leben spielen, glauben wir, daß wir diese Person sind und identifizieren uns damit. Aufgrund dieser Annahme erkennen wir nicht, daß es nur eine Gastvorstellung ist, die in dem Moment aufhört, wo wir die Rolle nicht mehr erwartungsgemäß darstellen. Stattdessen fahren wir fort, die Vorstellung von uns selbst in allen diesen Rollen zu festigen, was doch wirklich absurd ist. Man kann nicht von früh bis spät in die Nacht hinein Gärtner sein und beim Schlafen erinnern wir uns dann nicht einmal daran, wer wir am Tage waren.

Unser Identifizierungsvorgang läßt Anhaften entstehen, nicht unbedingt an eine spezielle Rolle, sondern daran, daß wir jemand von Bedeutung sind. Wir denken: "Ich bin Frau und Mutter, eine Ärztin oder Richterin, weil ich mich ja auch dementsprechend benehme." Stellt Euch nur für einen Moment vor, daß ihr wieder auf einer Bühne steht, als eine Schauspielerin, die in einem Stück auftritt. Ganz bestimmt seid Ihr nicht wirklich die Person, die Ihr darstellt. Es ist nur eine Rolle, nicht wahr?

Unser Anhaften kommt daher, daß wir glauben, eine vollständige Identität zu haben. Wenn wir unglücklich sind, denken wir, wir könnten die Rolle wechseln und jemand anderes sein. Wenn es keine Freude macht, Ehefrau zu sein, können wir eine geschiedene Frau sein. Macht es einen nicht glücklich, Nonne zu sein, könnten wir uns stattdessen am Strand tummeln. Wenn das auch nicht funktioniert, werden wir vielleicht Erfolg als eine indische Heilige haben. Immer wenn eine der Rollen keine Erfüllung bringt, sind wir geneigt, eine neue auszuprobieren, indem wir andere Kleider anziehen und eine neue Kulisse benutzen. Denkt nur einen Moment daran, wie viele Rollen wir an einem einzigen Tag spielen. Einen Moment sind wir Schüler, dann servieren wir das Essen, eine Stunde später sind wir die Leiterin. Jedesmal scheint es sich um "mich" zu handeln und daher suche "ich" nach Anerkennung. Kommt vom Publikum kein Applaus - und manchmal gelingt die Vorstellung ja nicht so gut - gibt es Kummer.

Es ist ein menschliches Phänomen, daß wir dies wissen und doch nicht dementsprechend handeln, weil es zu schwierig ist. Tatsächlich ist es jedoch viel einfacher, sich nicht mit der Rolle zu identifizieren, weil wir dann nicht auf den Beifall zu warten brauchen. Wenn es nur eine Rolle ist und nicht "Ich", macht es nichts, ob jemand der Vorstellung applaudiert oder nicht. Wir geben unser Bestes, das ist alles. Selbst wenn jemand verfaulte Tomaten werfen sollte, macht es nichts, weil es eben nur ein Bühnenstück ist. Der zweite Aspekt, der Erleichterung bringt, ist das Schwinden der Angst. Lampen- fieber einer Schauspielerin wird durch "Ich"-Bewußtsein verursacht; dahinter steckt der Wunsch, geliebt und anerkannt zu werden und die Angst, daß es anders sein könnte. Dasselbe erleben wir, wenn wir uns mit unseren Rollen identifizieren.

Unwissenheit und "Ich"-Illusion halten uns davon ab, das vermeintliche Eigentumsrecht auf unsere Rollen zu lockern. Gewohnheitsmäßige Denkmuster blockieren den Weg zu einer ganz neuen Innenschau. Wir müssen einmal neben uns treten und erkennen, daß nichts so ist, wie es zu sein scheint. Wir machen bei einer Vorführung mit und jeder, der der Show absolute Gültigkeit beimißt, wird immer Schwierigkeiten erfahren. Das Stück ist zu Ende, wenn der Vorhang fällt und das kann jeden Augenblick geschehen. Dann müssen wir warten, bis die nächste Show anfängt. Rollenspiel, das von jedem so ernst genommen wird, entsteht durch Anhaften und verstärkt das Anhaften. Denn wenn wir glauben, daß "wir" die Rolle sind, haften wir daran an und weil wir anhaften, glauben wir, daß "wir" die Rolle sind.

Der Körper ist der physische Schauspieler und der Geist sagt den passenden Text. Manchmal sagen wir auch die verkehrten Worte und das verursacht Kummer und Disharmonie. Genau wie in einem Theaterstück Schwierigkeiten entstehen, wenn jemand seinen Text vergessen hat und die andere Person nicht das richtige Stichwort bekommt.

Es ist wichtig, daß wir uns entscheiden, von welcher Rolle wir uns am sinnvollsten pensionieren lassen wollen und uns dann zurücklehnen und ruhevoll ausharren. Wenn wir das Kostüm immer wieder wechseln und jedesmal, wenn wir unzufrieden sind, eine neue Rolle annehmen, können wir sicherlich nicht erwarten, daß wir das Ende unserer Karriere erleben werden. Im Gegenteil, wir werden immer wieder Teil dieses Theaters sein. Die meisten Menschen wollen es so, weil es Unterhaltungswert hat. Aber zu manchen Zeiten schwindet das Vergnügen, und Leiden (*dukkha*) kommt aufgrund unseres Anhaftens hoch. Alles, von dem wir glauben, was "wir" sind und uns gehört, was "ich" und "mein" ist, schafft *dukkha*. Aber wenn wir uns unserer Position als "Gast" bewußt sind, fühlen wir uns weder verhaftet noch belastet.

Stellt Euch vor, Ihr seid in einem Botanischen Garten und glaubt, er würde Euch gehören. Welche Bürde! Wie man wohl all' diese blühenden Pflanzen und Bäume am Leben erhalten soll, sie düngen und pflegen, alles Unkraut entfernen und die Wege sauberhalten. So aber habt Ihr gerade eine Eintrittskarte gekauft und spaziert hinein, um den Garten anzuschauen. Wunderbar, nicht wahr? Herrlich! Ein schöner Nachmittag im Botanischen Garten.

Wie sieht es nun mit diesem Körper aus? Wir denken, er gehört uns. Welche Bürde! Verschafft uns dieser Körper nicht eine Menge Unannehmlichkeiten? Doch wenn uns dieser Körper wirklich gehört, warum gehorcht er nicht? Warum willigt er nicht in unsere Befehle ein, niemals Schmerzen oder Leiden zu haben, hellwach zu sein, nicht alt und krank zu werden und auch nicht zu sterben? Wenn wir aber nur ein Besucher in diesem Körper sind, dann sind vielleicht die unangenehmen Dinge, die ihm passieren, nicht mehr ganz so wichtig.

Wenn wir den Botanischen Garten besuchen und einen Baum mit vielen kränklichen gelben Blättern sehen, werden wir uns um den Baum keine Sorgen machen. Es geht uns nichts an, es ist nicht unsere Sache. Wir gehen weiter im Garten umher und schauen uns die anderen Bäume an. Dasselbe Prinzip können wir auf diesen Körper und seine Krankheiten und den zu erwartenden Tod anwenden. Die heimtückischste Rolle, die wir spielen, ist "ich und mein Körper, ich und mein Schatten." Im Prinzip weiß jeder, daß der Körper ihm nicht gehört, aber trotzdem lebt fast niemand danach. Dieser Körper ist das forderndste Wesen, mit dem wir konfrontiert werden. Er muß gefüttert, gesäubert und angekleidet werden, Nägel und Haare müssen beschnitten werden. Er muß nicht nur essen und trinken, sondern zur Toilette gehen, schlafen, Übungen machen, seine Zähne in Ordnung bringen lassen. Es ist kein Ende abzusehen. Oft ist er müde und schlaff und braucht Ruhe.

Wenn wir unseren Körper als ein Gasthaus betrachten, das wir für einige Zeit besuchen, gibt es nichts, das Sorgen bereitet. Unsere "Besitz"-Illusion würde sich automatisch von selbst auflösen. Alles Rollenspiel, dem wir uns in diesem Leben hingeben, würden wir dann auch richtig erkennen. Der Körper spielt einen Part und trägt ein passendes Kostüm. In Wirklichkeit gibt es niemand, der die Kleider trägt, nur die 32 Körperteile, auf denen sie hängen.

Diese Überlegungen sind hilfreiche Mittel, vom "Besitzen" unseres Körpers loszulassen, weil wir uns klar machen, daß Besitztum nur Schwierigkeiten bringt - besonders, wenn wir einen Körper besitzen, der niemals zufriedengestellt ist. Entweder ist er zu voll oder zu leer, zu heiß oder zu kalt. Er niest, wenn Wind aufkommt. Er kann nicht bequem sitzen, weil er zu lange in einer Sitzhaltung war oder er hat zu lange gelegen und muß sich nun hinsetzen. Er kann nichts über lange Zeit tun, weder gehen noch rennen, sitzen oder liegen.

Trotzdem ist er ein brauchbares Gasthaus und Kostüm, eine nutzbringende Rolle für uns als Menschen. Aber wir dürfen nicht daran anhaften. Es ist ebenso absurd daran anzuhaften, eine bestimmte Person zu sein, wie, sich damit zu identifizieren, Macbeth's Frau zu sein.

Wir haben alle viele verschiedene Rollen in unzähligen vergangenen Leben gehabt. Wir waren Kleinkinder, Schulkinder, dann Teenager, Studenten, Väter, Mütter, Großeltern und bei jeder Rolle dachten wir, diese Person zu sein und in ihr Glück zu finden. Wie könnte irgendeine Rolle Glück bringen? Nur wenn es Beifall vom Publikum gibt. Aber wie könnte dieses Glück anhalten? Ein paar Augenblicke oder selbst einen Tag später und alles ist vergessen und muß wiederholt werden. Ist es nicht interessant und erstaunlich, daß vier Milliarden Menschen arbeiten und leben, um ein bißchen Applaus zu bekommen, der sie glücklich macht? Wenn uns jemand nicht Beifall spendet, nicht unterstützt und bestätigt, haben wir *dukkha*, weil wir denken, wir wären erfolglos.

Überprüft, ob es sich in Eurem Leben tatsächlich so verhält! Wenn Euer Erleben sich damit deckt, versucht, weit genug von Euch selbst zurückzutreten, um eine neue Perspektive des ganzen Bildes zu erblicken. Wir müssen im richtigen Abstand vom Spiegel sein, um unser wahres Aussehen zu erkennen!

Wiederholungsvorstellungen sind sehr langweilig. Solange wir die Scheuklappen des Anhaftens und der falschen Ansichten tragen, haben wir eine sogenannte "Tunnel"- Ansicht. Es wäre sehr erhellend, wenn wir uns so sehen würden wie uns andere sehen, vollkommen distanziert, nicht "besitzend" oder "seiend", nur beobachtend.

Alles, von dem wir denken, es gehöre uns, verursacht Angst, nämlich die Angst vor dem Verlust. Außerdem sind wir eingefangen in die Notwendigkeit, unser Eigentum beschützen zu müssen, z. B. durch Reparieren und Abstauben, Anstreichen und Ersetzen. Keines der materiellen Dinge, die wir besitzen, erfüllt unsere Erwartungen, auch nicht die Ideen und Vorstellungen, die wir von uns selbst haben. Wir müssen sie ständig abstauben und reparieren. Unser "Selbst"-Bild zersplittert oft, wenn andere es mißbilligen. Wenn wir nichts besitzen, keine Bilder, keine Ansichten von uns selbst, kein Anhaften, keine Rollen, haben wir viel weniger Besorgnisse, viel mehr Frieden.

Wir praktizieren stetig weiter, um nicht im nächsten Leben wieder mit unzähligen Rollen konfrontiert zu sein. Wir können untersuchen: "Wer bin ich wirklich?" Wenn die Antwort "Ich" sein sollte, findet heraus, wer "Ich" ist! Diejenige, die die Rolle der Ehefrau oder der Mutter spielt, die Gärtnerin oder die -Schülerin? Welche ist Realität? Alle zusammen? Eine ganze Gruppe von Schauspielern, die alle in einer Person zu finden sind: Welch eine phantastische Vorstellung!

Wir alle spielen diese verschiedenen Rollen ganz glaubwürdig, weil wir sie selber glauben und immer hoffen, daß uns andere auch glauben werden. Das funktioniert nicht immer. Manchmal glauben uns andere nicht, weil sie wiederum andere Ansichten haben. Wir müssen diese Selbstuntersuchung vornehmen, wenn wir herausfinden wollen, was wir tun sollten, um den Herzensfrieden zu erleben.

Was ist unser Arbeitsgebiet? Es gibt einen Haken, an dem wir hängen. Wir können diesen Haken finden und wenn wir uns davon frei machen, gibt es keine Probleme. Ein aufmerksamer, wacher, intelligenter Geist kann es. Je mehr unsere Meditationspraxis gedeiht, desto aufmerksamer und wacher wird der Geist und desto eher kann er eine andere Sicht bekommen, verstehen und akzeptieren.

Der meditative Geist akzeptiert, daß nichts so ist, wie es aussieht, sondern nur ein interessantes Schauspiel ist, an dem wir beteiligt sind. Wenn wir Glück haben, bekommen wir öfter Applaus. Doch wem wird applaudiert? Welches ist unsere Hauptrolle, für die wir Beifall bekommen möchten? Sogar der Buddha bekam nicht nur Unterstützung und Billigung. Es gibt immer jemand, der entgegengesetzte Meinungen hat. Lohnt es sich wirklich, für jede unserer Rollen auf Applaus aus zu sein? Oder ist es besser, die vorübergehende und flüchtige Natur der ganzen Vorstellung anzuschauen und dabei Frieden und Glück zu finden, die auf Einsicht gegründet sind?

* * *

III
Eigenliebe und Selbsthaß

Eigenliebe und Selbsthaß sind extreme Emotionen, die von unserer Ego-Illusion verursacht werden und beide gleichermaßen schädlich sind.

Übertriebene Eigenliebe bedeutet, daß man nur sich selbst im Sinn hat. Was einen nicht selbst betrifft, ist uninteressant. In gewissem Maß handelt jeder auf diese Weise. Aber wenn es extrem wird, haben solche Menschen wenig Chancen, den spirituellen Weg zu praktizieren. Sie werden nur zuhören, wenn ihre eigenen Interessen auf dem Spiel stehen. Diese Menschen sind oft einsam, weil sie schwer mit anderen in Kontakt kommen, deren Angelegenheiten von keinem persönlichen Interesse für sie sind. Sie sitzen in ihrem Kokon, warten darauf, ein schöner Schmetterling zu werden und wollen nicht wissen, was sich um sie herum abspielt.

Auch ein Mangel an Eigenliebe, der genauso weit verbreitet ist, bedeutet zuviel Interesse an sich selbst. Statt : "Ich bin besser als Du," denken wir: "ich bin schlechter als Du", was Selbsthaß verursacht. Die Hauptschwierigkeit liegt beim "ich bin". Keine der beiden Einstellungen bringt Herzensfrieden, noch eine Verminderung der Ich-Vorstellung, sondern beide haben "Ich"-Bezogenheit zum Ergebnis. Sich des "Selbst" stark bewußt zu sein, macht das Leben unnötig schwierig.

Jedesmal, wenn eine neue Situation aufkommt, erwachsen Schwierigkeiten, weil das "Selbst" den persönlichen Gewinn oder Verlust beurteilt und berechnet: Entweder "ich bin nicht gut genug, um dies zu tun" oder "ich bin viel zu gut dazu". Wenn man sich nicht so fähig oder clever wie andere fühlt, dann kommt Unzufriedenheit auf. Ein unzufriedener Mensch wird diesen Geisteszustand als Unzufriedenheit mit anderen Menschen oder mit seiner Lebenssituation projizieren.

Was immer wir uns selbst gegenüber denken und fühlen, zeigt sich gegenüber anderen. Wenn wir auch oft unseren Geisteszustand verhehlen oder verstecken wollen, so ist das dennoch unmöglich. Unser gesunder Menschenverstand sagt uns ganz klar, daß unsere Reaktionen oft nutzlos und nicht gerade vernünftig sind. Aber Verstand und Vernunft setzen sich nicht durch, sondern das Gefühl. Wir leben gemäß unserer Gefühle, ganz gleich, wie vernünftig und intelligent wir sein mögen. Wenn wir unzufrieden mit uns selbst sind, uns für nicht gut genug erachten, dann werden wir dasselbe von jedem anderen denken.

Das ist eine gefährliche Situation, mit der nicht leicht zu leben ist; sie ist schmerzlich und traurig. Wenn wir jemand treffen, der an körperlichen Schmerzen leidet, so erkennen wir das wahrscheinlich. Der Mensch mag stöhnen oder mit den Zähnen knirschen; er mag nicht in der Lage sein, auf normale Weise zu reagieren, weil er so viel körperliches Unbehagen hat. Glaubt Ihr, daß es mit emotionellem Schmerz anders wäre? Wenn wir jemandem gegenüberstehen, der unter emotionellen Schmerzen leidet, merken wir auch das. Solch ein innerliches Unbehagen kann niemals versteckt werden, sondern färbt alle persönlichen Beziehungen, ob sie nah oder mehr entfernt sind. Ein Mensch, der bei jedem Schritt, den er macht, Schmerzen erfährt, wird wahrscheinlich versuchen, so wenig Schritte wie möglich zu machen und sehr vorsichtig zu gehen, um nicht den Schmerz zu verschlimmern. Das Gleiche geschieht bei emotionellem Schmerz. Hat man Selbsthaß und Unzufriedenheit mit sich selbst, ist das sehr schmerzhaft, für einen selbst und für alle, mit denen wir zusammenkommen und in Beziehung treten.

Wir haben oft die Illusion, wir wären freundlich und hilfsbereit, zuvorkommend und am Wohlergehen anderer interessiert. Vernunftgemäß und intellektuell mag das so sein, weil wir ja wissen, daß dies gutes Benehmen ist. Gefühlsmäßig aber müssen wir von der Mitte unseres eigenen Herzens und Geistes aus arbeiten. Wie können wir hoffen, daß wir andere erreichen, wenn wir mit uns selbst nicht umgehen können? Wie sollten wir auch nur in der Lage sein, mit dem Postboten in Beziehung zu treten, wenn wir noch nicht mit uns selbst im Reinen sind? Laßt uns erst einmal mit unserem eigenen "Ich" in einer Weise umgehen, die am wenigsten Aufruhr für uns selbst und für andere schafft.

Trägheit ist ein Extrem; glauben wir, nie genug zu tun, ist das andere Extrem und keins von beiden ist wünschenswert. Der mittlere Weg, sich selbst anzuschauen als wären wir unsere eigene Mutter, ist Liebe, verbunden mit Weisheit. Wenn wir unsere eigene Mutter werden und zu derselben Zeit unser schwieriges Kind, finden wir vielleicht die Balance zwischen Eigenliebe und Selbsthaß. Eine einfühlsame Mutter sorgt für ihr Kind mit Liebe und Mitgefühl, aber auch mit sanfter und beständiger Disziplin. Die meisten Kinder lieben das nicht, aber eine gute Mutter versteht die Notwendigkeit. Wenn wir sowohl Mutter als auch Kind sind, werden wir merken, daß das Kind in uns aufwachsen muß, und die Mutter in uns unterstützt diesen Vorgang. Das verursacht weder Zügellosigkeit noch Unzufriedenheit oder Hindernisse. Eine vernünftige Mutter sieht ein schwieriges Kind als eine Herausforderung an und dieser Herausforderung stehen wir alle gegenüber, nämlich uns selbst zur vollen Reife zu bringen. Mangel an Liebe und Unzufriedenheit mit ihrem Kind ist nicht die Haltung einer Mutter; sie gibt stattdessen sich ständig wiederholende Anleitung und Führung.

Die Einsicht,daß das eigene Ich der Unruhestifter ist, kommt, wenn wir bemerken, daß das Kind in uns seinen Willen haben will. Wir mögen dadurch stark motiviert werden, fleißig zu praktizieren, um endgültige Befreiung zu erlangen. Aber wir müssen ganz klar erkennen, daß es kein anderes Problem im ganzen Universum gibt als unsere Ich-Illusion. Diese falsche Ansicht vom "Selbst" verursacht unsere Begehren, die uns ständig *dukkha* verschaffen. Nur wenn wir uns dieser Tatsache und ihrer Bedeutung für uns bewußt werden, können wir eines Tages loslassen.

Wir werden nie die Freiheit des "Nicht-Ich" (*anattā*) erreichen, wenn wir nicht zuerst das "Ich" in den Griff bekommen und es als den Störenfried erkennen, der es ist. Immer wenn "Ich"-Dünkel aufsteigt und Schwierigkeiten schafft, können wir lernen, von Augenblick zu Augenblick loszulassen. Und dennoch bleibt die Frage: "Will ich wirklich das "Ich" loswerden? Was bekomme ich stattdessen?" Solange wir noch denken, daß ein anderer Weg aus dem *dukkha* führen könnte, auch wenn wir ihn noch nicht gefunden haben, werden wir uns nicht entschließen können, mit ganzem Herzen zu praktizieren.

Wenn wir uns selbst als Mutter und als Kind betrachten - das Kind, das geführt und erzogen wird, - gibt uns das eine Möglichkeit, die Ego-Spiele, mit denen wir uns abgeben zu erkennen. Genau wie eine Mutter ihr Kind liebt, ganz egal, welche Spiele es spielt, ganz egal, wie viele Schwierigkeiten das Kind macht: Das Gleiche gilt für uns. Was immer wir tun, Liebe ist die notwendige Zutat in unserem Leben. Ob wir liebenswert sind oder nicht, ist nicht das Kriterium. Nur der *Arahant* ist vollkommen liebenswert, jeder andere hat Egozentrik und "Eigen"-Interesse. Liebe ist das weiche, warme

Gefühl, ohne das das Leben nicht fließt. Wenn wir dies nicht für uns entwickeln können, werden wir es auch nicht auf andere übertragen können, selbst wenn wir es auch gerne tun würden. So viel Wärme, wie wir für uns haben, so viel können wir anderen Wesen geben. Liebe ist eine Qualität des Herzens ohne das Unterscheidungsvermögen des Geistes. Wenn Ihr eigene Kinder hat, könnt Ihr das Gefühl, das Ihr für diese habt, auf Euch selbst ausdehnen. Habt Ihr eine Mutter, die Euch liebt, dann kennt Ihr das Gefühl der Mutterliebe, was Euch helfen kann, mit Euch selbst liebevoll umzugehen.

Jedesmal wenn wir uns der Schwierigkeiten bewußt werden, die das "Ich" uns verschafft, kommen wir der Verwirklichung vom "Nicht-Ich" etwas näher, weil wir in unserer Entschlossenheit bestärkt werden, den Störenfried loszuwerden. Es ist nicht genug, Probleme zu vermeiden oder zu lösen. Wir müssen die Ursache ausmerzen, sonst werden die Schwierigkeiten immer wieder aufkommen.

Eigenliebe, Selbsthaß - die Kehrseiten der gleichen Medaille! Die Antwort liegt in der Mitte, wo wir ein Gefühl der Sicherheit und einer schmerzfreien Beziehung zu uns selbst erleben können. Wenn wir keinen Schmerz verspüren, ist es viel einfacher, mit anderen zu leben. Fangt jeden Tag damit an, für Euch selbst warme, liebende Gefühle zu entwickeln, als wäret Ihr Eure eigene Mutter. Es hilft, den Geist in diese Richtung zu lenken und mit dem Herzen in Einklang zu bringen. Herz und Geist müssen in Harmonie sein, so daß wir heil werden können.

Was wir denken und was wir fühlen, liegt oft meilenweit auseinander, weil wir das Denken als Ersatz für die Gefühle benutzen. Laßt uns Herz und Geist in Einklang bringen, indem wir zu Beginn eines jeden Tages so viel Liebe wie nur möglich für uns selbst aus dem Herzen strömen lassen. Dann entwickeln wir eine freudige Einstellung aufgrund dieser unvergleichlichen Gelegenheit zum Lernen und Wachsen, die uns in diesem Leben beschieden ist.

Wir schauen uns selbst mit den liebenden Augen einer Mutter an und mit dem Verständnis, das eine Mutter für die Entwicklung ihres Kindes hat.

* * *

IV
Unglücklichsein ist unheilsam

Nur im Geist ist die Erleuchtung möglich, und jeder von uns hat den Samen der Erleuchtung in sich. Wenn es nicht so wäre, gäbe es keinen Grund, ein spirituelles Leben zu führen. Aber da dieses Potential in uns allen ist, ist es weise, diesen Samen zu pflegen.

Wenn in unserem Garten Samen sind und wir uns um sie kümmern, haben wir die Möglichkeit einer Ernte. Wir werden sicherlich den Garten wässern, das Unkraut ausreißen und achtgeben, daß die Insekten nicht unsere Pflanzen zerstören. Wir passen auf den Garten auf, damit alles in bester Ordnung ist. Gäbe es keine Samen, wäre es dumm, das Grundstück überhaupt zu bearbeiten. Wie schwer wir auch arbeiten würden, wir würden nie Ergebnisse sehen. Aber da Samen vorhanden sind, besteht die Möglichkeit, Früchte zu ernten.

Dasselbe gilt für unseren Geist, obwohl wir auch jegliches nötige Unkraut in uns haben, um weiter rechtschaffen in der Welt der Dualität leben zu können - im Bereich von Geburt und Tod. Das Unkraut ist unser falsches Denken, das auf dem Konzept unserer persönlichen Bevorzugungen und Abneigungen aufgebaut ist. Wir nähern uns Menschen, Erfahrungen, Situationen mit der Absicht, in irgend einer Weise davon zu profitieren. Aber wie können wir immer erwarten, daß wir das bekommen, was wir wollen?

Weder Menschen noch Situationen oder Erfahrungen können in dieser Weise betrachtet werden. Sie existieren einfach. Ob sie einen Vorteil für uns haben oder nicht, ob sie unser Ich unterstützen oder nicht, welchen Unterschied kann das machen? Unser Geist mit seinem üppigen Wachstum der "Daseinsbegierde" nähert sich allem von der Warte aus: "Was habe ich davon?" Das verursacht ständige Enttäuschungen, solange bis wir unsere Einstellung ändern.

Wir haben einen Geist, in dem sowohl *Saṁsāra* als auch *Nibbāna* gefunden werden können; genauso wie Glück und Unglück darin zu finden sind. Es ist beinahe so wie in ein Warenhaus zu gehen und sich das auszusuchen, was wir wollen. Warum nehmen wir nicht das, was für uns zuträglich ist? Wenn wir das kaufen, was wir nicht gebrauchen können, wäre das doch töricht, nicht wahr? Und zur selben Zeit, am selben Platz, verkaufen sie auch alles, was wir brauchen. Warum suchen wir uns das nicht aus? Alles, was wir für unser und anderer Menschen Glück brauchen, ist in unserem Geist bereits anwesend. Obwohl jedoch alles vorhanden ist, wählen Menschen immer wieder das aus, was keinen Vorteil bringt; es liegt an dem einfachen Grund, weil die meisten Menschen weder davon gehört haben, noch darin geübt sind, geistige und emotionelle Wahlen zu treffen. Könnten wir das aber nicht erlernen, hätte es keinen Sinn zu meditieren.

Wenn alles vorbestimmt, in ein Schema eingefroren wäre, lange bevor es geschieht, würde das Fatalismus bedeuten. Der Buddha bezeichnete das als eine grundfalsche Ansicht. Wenn das stimmen würde, gäbe es keinen Grund, ein ehrlicher und anständiger Mensch zu sein. Es läge gar kein Grund vor, am Morgen aufzustehen. Wir könnten genauso gut im Bett bleiben. Wir haben jedoch die Wahl: Wir können am Morgen aufstehen oder im Bett bleiben. Wir können uns selbst davon überzeugen, daß der frühe Morgen eine gute Zeit zum Meditieren sei oder wir können uns einreden, wie dumm es ist, früh aufzustehen und es vorziehen, im Bett zu bleiben. Wir können uns zu beidem überreden und müssen daher eine Wahl treffen. Wir können auch erkennen, daß wir bei jeder Gelegenheit vor einer Wahl stehen.

Es können massive Situationen entstehen, wo jemand beleidigend ist, stiehlt, zu töten oder zu verleumden androht. Wir glauben dann, es ist berechtigt, uns deswegen niedergeschlagen zu fühlen. Warum? Wir können wählen und brauchen nicht gezwungenermaßen unglücklich zu werden. Wir können erkennen, daß wir unseren Geist ändern können. Je öfter wir uns für heilsame Reaktionen, wie Gleichmut oder Liebende Güte, entscheiden, desto mehr gewöhnt sich der Geist daran, sich glücklich zu fühlen. Je öfter wir falsche Wahlen treffen, desto öfter wird der Geist unglücklich sein. Je mehr Ärger wir uns selbst erlauben, desto mehr wird unser Geist auf Ärger ausgerichtet sein. Es ist wirklich ganz einfach: Wir brauchen nur die richtigen Denkmuster in unserem Geist zu entfalten. Dies erleichtert uns dann die Meditation, die uns wiederum die Tür zum Durchbrechen der Ich-Illusion öffnet.

Obwohl wir von unserer Ich-Illusion wissen, hat dieses Verständnis vielleicht noch keinen wirklichen Eindruck auf uns gemacht. Zwischen dem bloßen Wissen und der Erfahrung besteht ein großer Unterschied. Solange wir noch versuchen, irgendwo in der Welt Halt und Sicherheit zu finden, sei es durch Reichtum, Ruhm, Freundschaft, Wissen, Verstehen oder irgend etwas anderes, werden wir von Widrigkeiten bedroht. Wonach sucht denn jeder? Nur nach einem: Nach Glück! Wir wollen Liebliches sehen und hören, gutes Essen und Bequemlichkeit. Aber können wir das wirklich ständig erleben oder kann es eine Form des Glücks geben, die nicht von unseren Sinnen abhängig ist?

Eine innere Stimme mag flüstern, daß Glück eigentlich auf Reinheit gegründet ist und daß Unglück eine Verunreinigung ist. Wenn wir davon zum ersten Mal hören, ruft das im allgemeinen Erstaunen hervor und oft auch Ablehnung. Die meisten Menschen fühlen sich recht oft unglücklich und wollen ein so großes Ausmaß an Unreinheiten nicht zugeben. Aber wie könnten Kummer und Trübsal eine Tugend sein? Wenn wir uns aufgrund des Leids anderer unglücklich fühlen, gibt es nur eine Art, damit umzugehen, nämlich, das Leid zu lindern, wenn wir können. Sonst hat unser Kummer Emotionalität zur Folge, die das klare Denken vernebelt.

Als der Ehrwürdige Ānanda am Totenbett des Buddha stand und weinte, tadelte ihn der Buddha. Der Kummer war ein Zeichen dafür, daß der Ehrwürdige Ānanda noch nicht erleuchtet war, daß das Anhaften in ihm noch nicht erloschen war. Der Buddha sagte zum Ehrwürdigen Ānanda: "Komm' Ānanda, warum weinst Du? Weinst Du, weil dieser alte Körper sich endlich auflöst?" Der Ehrwürdige Ānanda erwiderte: "Ich weine, weil mich mein Lehrer verläßt."

Kummer entsteht aufgrund von Widerstand und Ablehnung, nämlich der Begierde, gewisse Dinge loswerden zu wollen. Widerstand und Ablehnung sind Formen von Ärger, der uns immer wieder heimsucht, weil nichts je genauso sein wird, wie wir es uns wünschen. Wenn wir noch nach Befriedigung in weltlichen Angelegenheiten suchen, haben wir das (die Wahrheit) noch nicht erkannt. Das bedeutet nicht, daß wir unzufrieden sein müssen. Tatsächlich gibt es weder das eine noch das andere. Es gibt essen, trinken, schlafen und verdauen, reden, still sein, sehen, hören, schmecken, riechen, berühren und denken. Was gibt es sonst noch? Wo können wir Befriedigung oder Unzufriedenheit finden? Es gibt nichts zu finden, alles ist, so wie es ist.

Geboren werden und sterben äußern sich nicht nur in unseren Geburts- und Todestagen, sondern vielmehr darin, daß unsere

Gedanken und Gefühle von Augenblick zu Augenblick geboren werden und wieder sterben. Das ist alles, was wir im menschlichen Bereich finden können. Wenn wir vollkommene, unveränderliche Befriedigung suchen, werden wir sie nicht finden; aber unbefriedigt sein, ist genauso ungeschickt. Was wir suchen sollten, ist die darunterliegende absolute Wirklichkeit, *paramattha dhamma*, die keine Persönlichkeit, keine Identität in sich trägt.

Wie können wir das finden? Wenn wir in der Meditation konzentriert werden, können wir einmal reines Bewußtsein erleben. In diesem Augenblick wird uns klar, daß es nichts auf der Welt gibt, das uns hinzugefügt oder weggenommen werden kann. Die Möglichkeit, dies kennenzulernen, liegt in unserem Bewußtsein, das wir dahin richten können, wohin wir wollen. Wir können in diesem Augenblick unser Bewußtsein nach Hause lenken und denken: "Ich möchte dort sein. Alle meine Freunde sind da." Wo immer unser Bewußtsein hingeht, dorthin werden auch unsere Gedanken gehen.

Warum lenken wir also unser Erkennen nicht darauf, daß die Welt von allem leer ist, das Bedeutung hätte? Wir brauchen unser Bewußtsein nicht darauf zu richten: "Ich werde schon noch irgend etwas finden, das mich vollkommen glücklich machen wird," weil wir dies alle bereits ohne Erfolg versucht haben. Wir sind alle intelligente Menschen, und doch hat keiner höchstes weltliches Glück gefunden. Immer glauben wir, wir hätten irgendeinen Fehler gemacht. Doch wenn wir unsere Gedanken auf die allem zugrunde liegende Wahrheit lenken, und zwar, daß es nichts in der Welt gibt, das irgendeine Substanz enthält, könnten wir tatsächlich höchstes Glück finden.

Innerhalb der kontinuierlichen Bewegung von Geburt und Tod, des Entstehens und Vergehens, gibt es keinen feststеhenden Punkt, auf den wir uns stützen könnten. Es wird uns dann auch klar, daß Erfüllung nicht von außen kommen kann, sondern innen entspringen muß. Wir brauchen nicht nach etwas zu suchen, was wert wäre zu wissen, sich anzueignen oder zu besitzen. Das können wir in der Meditation erleben, wenn wir uns der Pause zwischen den Atemzügen oder zwischen den Gedanken bewußt werden; ein Erkennen steigt auf, daß es nichts anderes gibt wie nur dieses Erkennen.

Nichts! Warum lenken wir unsere Achtsamkeit nicht darauf? Der Geist wird sagen: "Nichts? Vielleicht kann ich doch noch etwas finden. Ich suche noch und will nicht mit leeren Händen zurückkommen." Sterne, Mond, Sonne, Wolken, Hunde, Katzen, Vögel, Fische, Lotusblumen, was könnte es sein? Menschen, Kinder, Erwachsene? Onkel, Mütter, Väter? Wen können wir uns aussuchen, damit er uns Vollendung bringe? Wir können von der Voraussetzung ausgehen, alles zu erforschen und nicht von der Vermutung , daß wir das Höchste in weltlichen Bedingungen finden könnten, wenn wir es nur richtig anpacken würden.

Dukkha (Unerfülltheit) verschwindet, wenn wir nichts wollen, und nichts finden, das es wert wäre zu haben. Wenn *dukkha* verschwindet, brauchen wir keine Wahl zu treffen, weil unser inneres Kaufhaus nur eine Sorte von Waren verkauft, nämlich Glück und Frieden. Doch, wenn noch immer Glück und Unglück zu haben sind, müssen wir erkennen, daß diese durch Widerstand entstehen. Entweder bekommen wir nicht, was wir wollen oder wir bekommen, was wir nicht wollen. Die Dinge in der Welt stimmen nicht mit unseren Vorstellungen überein oder wir machen unser Glück von einem Stern da draußen abhängig. Manchmal glauben wir, daß unser Glück in einer mysteriösen Person liegen könnte, die wir bis jetzt noch nicht getroffen haben. Wie könnte irgendein anderer Mensch, der selbst *dukkha* erfährt und ohne Kernsubstanz ist, uns jemals Glück bringen? Genau wie alles in der Natur entsteht, geboren wird und stirbt, wie Bäume, Vögel, Katzen und Blumen, so entstehen auch wir, werden geboren und sterben. Obwohl wir darüber sprechen können, gibt es absolut keinen Unterschied zwischen uns und ihnen. Es ist unsere übersteigerte "Ich"-Bezogenheit, die erklärt, daß wir die "Krone der Schöpfung" wären.

Weil wir logisch denken können, glauben wir, wir wären anders. Doch wenn wir wirklich scharfsinnig denken würden, warum sollten wir dann auch nur einen Augenblick unglücklich sein? Das ist nicht sehr vernünftig, nicht wahr? Wir müssen durch den meditativen Prozeß zu dem Verständnis kommen, daß der Geist diesen Ballast nicht mit sich herumschleppen muß. Solange der Geist mit Neigungen und Abneigungen belastet ist, wird er *dukkha* erfahren.

Wir sind mit einem Gepäckträger vergleichbar, der viele schwere Koffer trägt. Weil wir daran gewöhnt sind, glauben wir, daß es so sein muß. In der Meditation können wir Augenblicke großer Leichtigkeit erleben, ohne irgendwelche Beschwernis. Warum tragen wir dann das Gepäck im Alltag mit uns herum? Wir brauchen es nicht bei uns zu haben, weil es nichts von Wert enthält, sondern mit Koffern, die mit Ziegeln gefüllt sind, vergleichbar ist. Wenn wir Wertvolles bei uns hätten, wäre es doch sehr schade, daß wir ständig alle unsere Gedanken verlieren und sie kaum je wieder zurückbekommen.

Wenn wir einen einzigen Augenblick der Leichtigkeit in der Meditation erleben, wo uns kein geistiges Gepäck beschwert, sollte uns das bestimmt genug Ansporn geben um weiterzumachen. Innere Leichtigkeit anstatt der Projektionen in die Zukunft oder dem Anhaften an der Vergangenheit wird dann die Quelle von Zufriedenheit sein.

Ambhapali war eine Prostituierte zur Zeit des Buddha und Angulimala war ein Mörder; beide wurden erleuchtet. Hätten sie an der Vergangenheit gehangen, hätten sie niemals Freiheit erlangen können. Menschen haften fest an weniger bedeutsamen Dingen an. Sie hängen daran, was jemand gesagt hat oder was sie geantwortet haben, was sie getan oder nicht getan haben. Das menschliche Theater ist absurd. Warum machen wir das alles? Es kann nur eine Antwort geben: Wenn wir keine innere Freude haben, mit der wir unser "Ich" unterstützen können, dann müssen wir es wenigstens mit Kummer und Leid unterstützen.

Ohne Projizieren in die Zukunft oder Anhaften an der Vergangenheit können wir tatsächlich ohne jegliche geistige Belastung sein. Wenn wir einen Augenblick alles dies fallenlassen, erkennen wir, daß wir mit einer vollkommen unnötigen, erschöpfenden, geistigen Übung beschäftigt waren.

Wenn wir die Wahl hätten, ob wir mit Hundert-Pfund-Gewichten in jeder Hand tagein, tagaus herumlaufen oder sie niederlegen wollten, was würden wir tun? Wir würden uns sicherlich entscheiden, lieber ohne sie zu sein. Wir haben diese Wahl auch im Geist. Meditation zeigt uns diese Wahl. Wenn wir wissen, daß Unglücklichsein unheilsam ist, dann können wir immer, wenn Unglück aufsteigt, zu uns sagen: "Da stimmt etwas nicht, wie ich an diese Sache herangehe." Wenn wir unser Unglücklichsein im Hinblick auf Begehren und Loslassen überprüfen,werden wir zu den wenigen Menschen in der Welt gehören, die immer glücklich sind.

* * *

V
Aufgeben, was aufgegeben werden muß

1. Weises Erwägen
2. Überwindung
3. Rechter Gebrauch
4. Ertragen
5. Vermeiden
6. Loslassen
7. Entwickeln

Die *âsavas* sind tief verwurzelte Triebe, die gewöhnlich unserer Aufmerksamkeit entgehen. Wir halten unsere Illusionen für selbstverständlich, weil wir nichts anderes kennen. Manchmal bekommen wir eine dunkle Ahnung von ihnen, wenn unsere Begierden gegen eine Barriere in jemand anderem stoßen. Diese unterschwelligen Unreinheiten sind so tief in uns verankert, daß wir nicht einmal sicher sind, ob sie existieren, bis wir anfangen ernsthaft zu praktizieren.

Wenn unsere Wünsche nicht befriedigt werden, denken wir entweder, daß ein anderer Schuld hat, es sich um ein Mißverständnis handelt oder daß die anderen Menschen recht seltsam sind. Doch daß das Begehren von uns ausgeht und auf dasselbe im anderen trifft, ist ohne starke Aufmerksamkeit schwer zu erkennen.

Der erste unserer tief verwurzelten Triebe ist das Verlangen nach sinnlicher Befriedigung. Das ist die innewohnende Gier, nur angenehme Erlebnisse haben zu wollen. Jeder, der nicht praktiziert hat, wird sagen: "Warum nicht? Warum sollte ich es nicht angenehm haben wollen?" Der Grund ist, daß wir uns nicht darauf verlassen können, angenehme Sinneskontakte zu bekommen und wenn unser Bestreben fehlschlägt, folgt Kummer und Leid. Und selbst, wenn wir sie bekommen, können sie nicht andauern. Es steht von vornherein fest, daß es ein aussichtsloses Bemühen ist, in das die ganze Welt verstrickt ist, obwohl es unmöglich ist, darin erfolgreich zu sein. Jeder von uns versucht, das zu bekommen, was er möchte, weil wir auf der "Ich"-Illusion begründetes Begehren nach angenehmen Gefühlen in uns verspüren. Laßt uns einen Augenblick einmal nachdenken, ob wir außerdem noch etwas wollen!

Unser zweiter Wesenszug ist der Daseinstrieb. Wir wollen nicht umgebracht, vernichtet oder herabgesetzt werden. Wir wollen hier sein und es so bequem wie möglich haben. Der dritte Trieb ist die Unwissenheit, die die Grundlage für all' unsere Schwierigkeiten bildet, weil wir die Tatsache ignorieren, daß die anderen beiden Begierden unmöglich befriedigt werden können und daß die Wahrheit anderswo liegt.

Diese drei Begehren entströmen jedem gewöhnlichen Menschen. Jeder wird von Unwissenheit, dem Begehren nach angenehmen Empfindungen und dem Begehren nach Dasein heimgesucht, was darauf hinausläuft, daß wir körperlich und emotional voll unterstützt werden wollen. Jeder will dies auf Kosten jedes anderen und unsere Reaktionen sind von diesen Begehren gefärbt. So können wir verstehen, warum Menschen im Umgang miteinander immer Schwierigkeiten haben.

Wenn wir erstens einmal erkennen, daß uns diese Geistesverfassungen Probleme und Schwierigkeiten verursachen, können wir auch akzeptieren, daß das Begehren nach Vergnügen und Bequemlichkeit nicht pausenlos befriedigt werden kann. Es ist bestimmt kein lohnendes Ziel, ein ganzes Menschenleben davon abhängig zu machen. Wenn wir unseren Daseinstrieb betrachten, können wir leicht erkennen, daß dies ein aussichtsloses Unterfangen ist, weil niemand überleben kann. Sein ganzes Leben auf das Überleben auszurichten, ist sinnlos und töricht.

Dennoch liegen diese zwei Begehren all' unserem Tun zugrunde. Wenn wir nur einen Moment erkennen können, daß sie nicht nützlich sind, werden wir uns dafür interessieren, wie wir sie loswerden können. Die meisten Menschen sehen keine Alternative und sind sich nicht bewußt, daß diese Geisteszustände unser ganzes Unglück verursachen. Ob das Unglück, Frustration, Langeweile, Ärger, Sorgen, Angst, Neid oder Eifersucht genannt wird, spielt keine Rolle: Alle sind auf diesen beiden Begierden aufgebaut, mit Unwissenheit als zugrundeliegendem Fundament.

Wenn wir die Tatsache, daß wir so ein Problem am Hals haben, und daß wir ohne diese Begierden glücklicher wären, ausreichend erwogen haben, erwacht das Interesse, wie wir sie aufgeben können. Der Buddha hat sehr klare Hinweise gegeben, wie wir damit umgehen können:

Der erste Schritt der Praxis ist Weises Erwägen: Man richtet die Achtsamkeit in eine Richtung, wo das Verlangen nach Sinnesbefriedigung nicht notwendigerweise aufsteigt oder stärker wird. Wir stellen uns nicht vor, wie es wäre, wenn wir eine Schiffsreise auf einem Luxusdampfer machen oder an der Riviera baden oder in einem erstklassigen Restaurant essen. Aus solchen Vorstellungen erwachsen verstärkte Begierden nach angenehmen Sinneseindrücken. Wenn der Geist genügend Nahrung dieser Art bekommt, dann wird er schließlich versuchen, diese Wünsche zu verwirklichen, was einen Energieaufwand in die falsche Richtung bedeutet. Anstatt dem Geist durch die Überlegung, wo er angenehmere

Sinneskontakte bekommen könnte, mehr Anlaß zum Begehren zu geben, können wir dem Geist die Möglichkeit geben, die absolute Wahrheit zu erkennen, die in der Realität von *dukkha* (Unzulänglichkeit) enthalten ist. Das verursacht keinen Kummer, weil *dukkha* nicht persönlich, sondern universell ist. Jeder hat es, niemand ist extra dazu auserkoren. Natürlich geben wir unserem eigenen *dukkha* einen besonderen Namen und spezielle Ursachen.

Es ist interessant, daß dies jedoch alles Einbildung ist. Es gibt keine speziellen Gründe oder besonderes *dukkha*. Die Ursache ist immer Begehren. "Weises Erwägen" bedeutet, unsere Wünsche anzuschauen, die nicht befriedigt sind oder nicht die erhofften Annehmlichkeiten gebracht haben und dann das unerfüllte Begehren im Geist zu erkennen. Dies ist die direkte Erfahrung der Wahrheit von *dukkha* und seiner Ursache, unter Berücksichtigung der dritten Edlen Wahrheit, daß es einen Weg heraus gibt. Aber wir können den Weg weder dadurch finden, daß wir alles bekommen, was wir wollen, noch dadurch, daß wir mehr Annehmlichkeiten und Komfort oder mehr Anerkennung und Lob, mehr Ich-Unterstützung haben, sondern einzig und allein durch das Loslassen von Wünschen und Verlangen.

Der Buddha erwähnte verschiedene Arten des unweisen Erwägens. Nämlich: Vergangene oder zukünftige Leben. Haben wir ein Selbst oder kein Selbst? Sind wir uns des Selbsts oder des Nicht-Selbsts bewußt? Alles dies unterstützt die Ich-Illusion. Stattdessen müssen wir die Grundbedingung des Unglücklichseins erwägen. Es steigt immer dann auf, wenn wir etwas wollen. Je stärker unsere Ich-Illusion ist, desto mehr Kummer erleben wir. Natürlich ist es schwierig, das zu erkennen, weil wir keinen anderen Zustand kennen und uns nicht vorstellen können, daß andere Menschen anders empfinden. Wir glauben eventuell, daß sie gute Miene zum bösen Spiel machen oder einfach Glück haben. Aber in Wirklichkeit ist es so: je stärker das Ich ist, um so mehr will es, und um so mehr *dukkha* hat es. Ganz einfach, aber schwierig zu praktizieren. "Weises Erwägen" bedeutet, daß man den Geist ständig von allen Vorstellungen und Ideen wegholt und ihn fest auf den Boden der augenblicklichen Wirklichkeit plaziert. Wenn wir *dukkha* objektiv erwägen, heißt das nicht, daß wir voll *dukkha* sind, sondern daß wir es betrachten. Wir nehmen eine selbstbeobachtende, objektive Haltung ein, die die Dinge sieht, wie sie sind, und nicht wie wir sie gerne hätten, was unrealistisches Wunschdenken ist. Wenn wir Einsicht in das Naturgesetz bekommen, dann wird eines Tages alles so sein, wie wir es gerne hätten, nur anders als wir es uns vorgestellt haben.

Es gibt sechs weitere Wege, um auf das Schwinden unserer tiefverwurzelten Makel hinzuarbeiten, um unseren immer wiederkehrenden Kummer loszuwerden. Nicht durch den Versuch, Glück zu erlangen, sondern indem wir eingeprägte Gewohnheitsmuster aufgeben.

Der erste Schritt ist, sich der Reaktionen auf unsere Sinneskontakte bewußt zu werden. Wir bekommen durch unsere sechs Sinne (fünf Sinne plus dem Denken) automatisch Kontakte, die darauf folgenden Gefühle sind ebenfalls automatisch, aber unsere Reaktionen auf die Gefühle sind willkürlich. Offensichtlich werden wir die Reaktionen nicht ständig stoppen können, aber hin und wieder ist es bestimmt möglich. Wir können uns durch das Nicht-Reagieren auf ein Gefühl verändern, indem wir es weder mögen noch ablehnen. Damit machen wir den ersten großen Schritt zur Freiheit vom Zwang. Dies benötigt die Objektivität der Achtsamkeit und unsere ungeteilte Aufmerksamkeit. Wenn wir mehr und mehr praktizieren, wird es, wie bei allen Wiederholungen, leichter. Das ist der vom Buddha empfohlene Weg der "Überwindung."

Der nächste Schritt ist "Rechter Gebrauch." Dies sind alles Übungswege, die schließlich Gleichmut und das Öffnen zur tiefen Einsicht zur Folge haben. Wir sollten uns des Unterschieds zwischen einem Bedürfnis und einem Wunsch bewußt sein. Der Buddha sagte, daß es nur vier Dinge gäbe, die man wirklich braucht: Essen, Kleidung, Unterkunft und Medizin. Alles weitere ist zusätzlich. Wir können überprüfen, ob wir wirklich unsere Besitztümer zum Nutzen anderer gebrauchen, oder ob wir sie nur haben, damit sie uns angenehme Gefühle verschaffen. Wenn es das Letzere ist, wäre es besser, sie wegzugeben. Es ist eine gute Übung, einmal im Monat unsere Sachen durchzusehen und unbenutzte Dinge als Geschenke an andere zu geben. Es handelt sich nicht darum, gar nichts zu besitzen, sondern darum, nur das Nötigste zu behalten. Es gibt immer die Möglichkeit, die eigenen Besitztümer zum Wohle anderer Menschen zu verwenden. Die wichtigste Erwägung ist festzustellen, ob wir bereit sind, alles in diesem Moment wegzugeben. Wir sollten uns nicht nur vorstellen, ob wir es tun könnten, sondern sofort damit anfangen. Wenn uns der Tod trifft, müssen wir alles, auch uns selbst, aufgeben. Das Leben ist unsicher, aber der Tod ist ganz sicher - jederzeit! Der rechte Gebrauch von Dingen bedeutet, kein starkes Anhaften am eigenen Besitztum zu haben; man ist sich bewußt, daß alles nur geliehen ist. Man weiß, daß alle Dinge für eines jeden Wohl geschaffen sind und daß es keinen Grund gibt, selbst mehr zu besitzen. Dies ist eine andere Art, nochmals zu erkennen, daß angenehme Sinneskontakte nicht wirkliches Glück bringen können. Im Gegenteil: Am Ende bescheren sie nichts als Unruhe.

In unserer wohlhabenden Gesellschaft gibt es angenehme Sinneskontakte wie Sand am Meer. Angenehme Sinneskontakte sind überall, zu jeder Zeit erhältlich; man muß nur dafür zahlen können. Und dennoch: Wie viele Menschen kennen wir, die wirklich glücklich sind? Sie können alle angenehmen Sinneskontakte immer wieder bekommen und haben sie wahrscheinlich schon ihr ganzes Leben gehabt. Das ist nicht die Lösung. Der Weg zur Freiheit schließt "Überwindung" und "Rechten Gebrauch" mit ein.

Ein weiterer Schritt ist, schlechte Gesellschaft und schlechte Plätze zu meiden, Orte, wo angenehme Sinneskontakte angeboten werden, wo Menschen kein Interesse am haben. "Schlechte Gesellschaft" sind diejenigen, die keine wirkliche Sehnsucht nach spirituellem Wachstum haben. Es gibt viele Menschen auf der Welt, die glauben, sie würden praktizieren. Sie meditieren vielleicht, rezitieren oder bringen Blumen dar, lesen -Bücher oder haben philosophische Diskussionen. Es bleibt jedoch an der Oberfläche. Es ist natürlich besser als überhaupt kein Interesse daran zu haben, aber es dringt nicht bis zum Grund der menschlichen Probleme vor; wenn es das tun würde, müßten diese Menschen inzwischen sehr glücklich geworden sein. Wenn man jedoch nachforscht, haben sie genauso viele Schwierigkeiten wie jeder andere auch. Die Wahrheit hat ihren Geist nicht durchdrungen. Die Triebe sind die tiefste Schicht, in der unser ganzes Sein spürbar wird. Solange unser Begehren dort verankert ist, sind wir Teil der Existenz und das bedeutet *dukkha*.

Die dritte Art unserer Umwandlung ist das Vermeiden solcher Kontakte, bei denen sinnliches Verlangen und angenehme Sinneskontakte die Hauptsache sind. Im allgemeinen kennt die Welt keine Alternativen und betrachtet die Sinneskontakte als das Wichtigste. Das ist die zugrundeliegende

Unwissenheit, die die falsche Ansicht vom Selbst verursacht.

Überwindung der Reaktion auf angenehme Sinneskontakte ist die eine Seite der Medaille; Durchhaltevermögen, das Aushalten der unangenehmen Sinneskontakte, ist die andere. Wenn eine unangenehme Empfindung auftaucht, zum Beispiel bei der Sitzstellung in der Meditation und es fühlt sich recht unbehaglich an, so ist es eine gute Übung durchzuhalten. Niemand kann erwarten, daß er Zeit seines Lebens ohne Schmerzen sein wird. Ertragen bedeutet, daß wir lernen unter solchen Schmerzen nicht zu leiden. Je öfter wir durchhalten, desto disziplinierter wird unser Geist. Der ungeübte Geist wird jedesmal aufgewühlt, wenn etwas Unangenehmes geschieht, das er nicht mag oder etwas Angenehmes verschwindet, das er behalten will. Diese Wogen im Geist sind die Irritationen, der Mangel an Frieden, den jeder erlebt. Sie verursachen ein Gefühl der Unruhe und Unsicherheit. Ertragen kann auch angesichts emotionellen Unbehagens geübt werden. Wenn wir in der Lage sind auszuhalten, so ist das wiederum ein Weg, von den Reaktionen Abstand zu nehmen, was eine Verminderung des Begehrens bedeutet.

Der nächste Punkt ist Vermeiden, d. h. Loslassen, Fallen- lassen. Was immer es sei, worauf wir reagieren, mit Ärger, Kummer, Wollen oder Ablehnen, Neid oder Stolz, Sorgen oder Furcht, wir müssen die Reaktion erkennen und lernen, sie fallenzulassen. "Vermeiden" bedeutet nicht Unterdrükkung. Man kann nicht vermeiden, was man sich nicht vorher eingestanden hat. Dieser Vorgang des Loslassens ist einer der wichtigsten Aspekte des spirituellen Reifens. Die Lehre des Buddha kann keinen tiefen Eindruck machen, wenn wir sie nicht praktizieren. "Loslassen" heißt nicht anzuhaften, unsere Gedanken und Gefühle nicht zu besitzen. Wenn wir jedem Gedanken und jedem Gefühl glauben, an ihnen kleben, wie es der Geist gerne tut, dann ist "Loslassen" nicht möglich. Wir können nicht etwas loslassen, von dem wir meinen, daß es wir"Selbst" sind? Wenn es "Ich" ist, der denkt und fühlt, wie können wir das fallenlassen? Aber wenn es nur ein Gedanke oder ein Gefühl ist und die Objektivität der Achtsamkeit ganz klar das Unheilsame oder Unnütze aufzeigt, dann ist "Loslassen" möglich. Wenn wir Begehren, Ablehnungen und Widerstände fallenlassen können, dann haben wir angefangen zu praktizieren.

Der Buddha hat gesagt, daß die spirituelle Arbeit nicht äußerlich, sondern nur innerlich stattfinden kann. Wir können andere Kleidung tragen, unsere Haare abschneiden, die ganze Nacht aufbleiben, nur einmal am Tag essen, aber solange keine innere Veränderung stattfindet, sind diese Übungen vergebens getan. Es muß Einsicht in uns selbst kommen, weil all' unsere Begehren ja innerlich zu finden sind. Sie sind nicht in der Kleidung oder im Essen oder im Wachsein. Vermeiden und Loslassen sind die wichtigsten Aspekte unserer Läuterungsarbeit. Dies gilt genauso für die Meditation. Wenn wir das diskursive Denken nicht vermeiden oder loslassen, können wir nicht meditieren. Wenn wir sagen: "Ich hatte eine schlechte Meditation," so bedeutet das nur, daß es uns nicht möglich war, die Gedanken loszulassen. Sie waren weiterhin ständig am Kommen und Gehen. Wenn wir im täglichen Leben von unheilsamen Gedanken und Emotionen loslassen, stärkt das die Meditation; lernen wir dasselbe in der Meditation, hilft es unserem täglichen Leben.

Der letzte Schritt ist die Entwicklung, die sich auf die Meditation bezieht; die Entwicklung des Geistes, die letztlich die Entfaltung der sieben Erleuchtungsfaktoren zur Folge haben kann. Achtsamkeit ist hier der erste dieser sieben Faktoren und ohne sie gibt es keine Praxis. Nur der entwickelte Geist hat die Stärke und Klarheit, um die Erleuchtungsfaktoren zur Reife zu bringen. Solch ein Geist wird auch gewissenhaft praktizieren wollen, weil er weiß, daß beständige Wachsamkeit, Bewußtheit und "Selbst"- Befragung nötig sind. Nur ein klarer und starker Geist ist willig und in der Lage, dies zu tun.

Eine spontane Untersuchung aller Phänomene (*dhammas*) im Hinblick auf ihr Entstehen und Vergehen, ihre absolute Unbeständigkeit, ist oft die Folge. Alles, was existiert, ist eine Erscheinung, es gibt nichts anderes. Wenn wir so reflektieren, beschäftigen wir uns mit "Weisem Erwägen." Wir können dies sowohl bei der Meditation als auch im täglichen Leben tun. Wenn der Geist in der Meditation konzentriert geworden ist, ist es wesentlich, daß wir das Entstehen jedes Gedanken und auch dessen Verschwinden erleben.

Diese Untersuchung wird uns sehr dabei helfen, einen ruhigen Geist zu entwickeln, der die Dinge in ihrer wahren Essenz erkennen kann. Wenn Achtsamkeit und Einblick in der Meditation praktiziert worden sind, so daß sie ein starkes Fundament bilden, dann werden die sich anschließenden Faktoren auch aufsteigen, nämlich Entzücken, Freude und Ruhe. Dies wird schließlich in vollkommenen Gleichmut übergehen. Dies sind alles notwendige Schritte, die wir unternehmen müssen, so daß der Pfad der Praxis nicht nur die Meditation verbessert, sondern auch das ganze Innenleben verändert. Natürlich hat Meditation viel damit zu tun, aber sie ist nicht alles. Es gibt auch impulsive Reaktionen und Konfrontationen, wenn keine anderen Menschen beteiligt sind, selbst bei Kleinigkeiten, wie z. B. unseren Mahlzeiten. Wir werden mit uns selbst konfrontiert, wenn wir müde oder hungrig, gelangweilt oder unzufrieden sind. Wenn wir bei diesen Konfrontationen keine Weisheit anwenden, bleibt es schwierig, eine andere Wirklichkeit zu erkennen. Wenn wir bei unseren täglichen Erfahrungen Innenschau anwenden, verändert sich unsere Sichtweise.

Dies ist ein langsamer Prozeß und während er abläuft, verringern sich die *âsavas* (Triebe). Sie verschwinden nur bei einem Erleuchteten (*Arahant*). Bei uns werden die Ausströmungen nach und nach schwächer. Am Anfang ähneln sie einer Flut; dann werden sie zu einem sich windenden Fluß und letztlich zu einem Rinnsal. Die Praxis besteht darin, daß wir aus der Flut ein Rinnsal machen; dann kann dieses eines Tages auch völlig austrocknen. Die Entwicklung des Geistes setzt die Erkenntnis voraus, daß Begehren zu unserem Schaden ist, denn nur dann werden wir die nötigen Schritte zum inneren Frieden unternehmen.

* * *

VI
Da alles leer ist, wo kann sich der Staub dann niederlassen?

Hui-Neng war der sechste Zen-Patriarch. Als der fünfte Zen-Patriarch alt geworden war, suchte er einen Nachfolger. Er ließ bekanntgeben, daß jeder Mönch in seinem Kloster eine kleine Abhandlung oder ein Gedicht über die Essenz der Lehre des Buddha schreiben solle. Sein Lieblingsschüler, der als am fortgeschrittensten galt, nahm ein Stück Kreide und schrieb an die Wand:

"Unser Körper ist der *Bodhi-Baum*, und unser Geist der klare Spiegel. Stunde um Stunde reinigen wir sie sorgfältigst, damit sich kein Staub niederlassen kann."

Hui-Neng war zu der Zeit ein junger ungebildeter Küchenjunge. Er hörte von dem Schreiben an der Wand und bat jemand, daneben zu schreiben:

"Es gibt keinen *Bodhi-Baum*, noch einen Platz des klaren Spiegels. Da alles leer ist, wo kann sich der Staub dann niederlassen?"

Der Lehrer sah diese beiden Darstellungen und erklärte Hui-Neng als seinen Nachfolger. Hui-Neng, der bis dahin kaum Unterweisungen bekommen hatte, wurde später als Mönch ordiniert und wurde mit der Zeit ein sehr berühmter Zen-Meister, dessen Lehrreden in der Plattform-Sutra gesammelt sind.

Die beiden obigen Aussagen erinnern an die *Brahmajala-Sutta*. Das Staubwischen des Spiegels ist die Läuterung der Tugend. Das Beseitigen des Staubes der Verunreinigungen war das Anliegen des Lieblingsschülers. Die Tugenden und Moralität des Buddha sind in der *Brahmajala-Sutta* als seine große Errungenschaft erwähnt, aber der Buddha erwiderte, sie wären nur eine Kleinigkeit.

Das ist genau, was der fünfte Patriarch dachte, als er Hui-Nengs Darstellung der ersteren vorzog. Gewiß sind Tugend und Läuterung nötig. Wir müssen den Staub vom Spiegel unseres Herzens und unseres Geistes entfernen, sonst können wir nicht klar sehen. Obwohl es eine wahre Behauptung ist, ist es nicht die Essenz der Lehre, es ist nur der Anfang. Der Buddha sagte: "Es ist eine unbedeutende Angelegenheit, eine kleine Sache, und nur ein Weltling würde mich deswegen rühmen." Nur jemand, der *Nibbāna* noch nicht selbst erlebt hat, würde diesen Punkt für wichtig halten. Es zeigt uns, daß der Schüler, der das Gedicht über das Staubwischen des Spiegels formulierte, ein Weltling war, der *Nibbāna* noch nicht kannte. Sonst hätte er nicht das als die Essenz der Lehre angegeben. Es ist nur der Reinigungsprozeß, obgleich dieser natürlich wichtig ist. Wir säubern dabei nicht nur unsere Hütten und Gehwege, weiße Kleidung und Roben, Meditationshalle und Badezimmer, wir reinigen auch Herz und Geist. Es ist ein unerläßlicher vorbereitender Schritt.

"Da alles leer ist, wo kann sich der Staub dann niederlassen?" Nachdem der Buddha in der *Brahmajala-Sutta* alle falschen Anschauungen der Menschheit beschrieben hat, zum Beispiel Ewigkeits- und Vernichtungsansichten (62 Anschauungen insgesamt), erklärte er wiederholt, daß ein befreites Wesen weder die unangenehmen Gefühle haßt, noch die angenehmen begehrt. Das bedeutet, solange ein Spiegel da ist, wird sich unvermeidlich Staub darauf absetzen; solange da nämlich ein "Ich" ist, wird es immer Reaktionen haben. Wenn wir auf unsere Gefühle reagieren, wissen wir, daß wir Weltlinge sind. Solange da irgendwelche Reaktionen auf Gefühle sind, fängt das "Ich" den Staub ein.

Es gibt nur zwei Arten der Reaktion und sie können stark oder schwach sein: Es gibt entweder das Wollen und Genießen der angenehmen Gefühle oder den Widerstand und die Ablehnung der unangenehmen. Wir merken schnell, daß übertriebene Reaktionen uns leidenschaftlich in etwas Angenehmes oder Unangenehmes verwickeln. Über das eine werden wir dann weinen, klagen oder ärgerlich werden und bei dem anderen denken und träumen wir ständig davon oder haben Verlangen nach angenehmem Ersatz, wenn das Gewünschte uns versagt bleibt.

Der Weltling, der *Nibbāna* nicht selbst erlebt hat, wird auf Gefühle reagieren und aufgrund des Ich-Spiegels wird sich der Staub des Verlangens absetzen. Habt Ihr je einen Spiegel gesehen, der nicht schmutzig wurde? Das ist nicht möglich. So ist die Natur des materiellen Universums und dasselbe gilt für das spirituelle Universum. Solange es ein "Ich" gibt, wird es Unreinheiten haben. Es geht einfach nicht anders. Daher zeigt die Lehre des Buddha den einzigen Weg heraus aus Kummer und Leid, nämlich die "Ich"-Illusion zu verlieren. Solange im Inneren etwas sagt: "Das bin ich," müssen Schwierigkeiten, Staub und Unreinheit aufkommen. Es gibt keinen Spiegel, auf dem sich nicht Staub ansammelt und es gibt kein "Ich", das nicht Befleckungen ansammelt. Daher sagte der Buddha: "Meine Tugend ist eine unbedeutende Angelegenheit." Und daher wurde der erste Schüler, der sagte: "Wische den Staub ab," nicht als Erbe akzeptiert.

Wir können den Spiegel immer wieder polieren, so wie wir die Hütten und Gehwege fegen, die Bäume beschneiden, uns duschen und unsere Kleidung waschen; doch alles wird immer wieder staubig werden. Das ist nicht die Lösung. Die Erkenntnis des Buddha ist die eines Genies, eines spirituellen

Giganten. Er ist der einzige Meister, der lehrte, daß das Loswerden des Spiegels der Weg der Befreiung ist. Man kann den Spiegel ja doch nicht sauberhalten. Warum also den Spiegel überhaupt behalten? Niemand hat es je auf diese Weise formuliert. Er beschrieb, wie es möglich ist, den Spiegel des "Ichs" loszuwerden, weil er in Wirklichkeit gar nicht existiert, sondern eine Illusion des Geistes ist.

Um die Vorstellung individualisierter Persönlichkeit loszuwerden, müssen wir diesen Aspekt von uns immer wieder betrachten. Solange wir glauben, daß es einen Spiegel gibt, den wir polieren müssen, werden wir ihn selbstverständlich weiter sauberhalten. Es ist das Gleiche wie mit "des Kaisers neuen Kleidern." Solange wir glauben, daß er sie trägt, werden wir sagen: "Wunderschön, wunderschön." Nur wenn wir endlich bemerken, daß er in Wirklichkeit überhaupt keine Kleider anhat, werden wir die Wahrheit erkennen. Wenn es einen Spiegel gibt, werden wir ihn natürlich auch reinigen wollen, weil er häufig schmutzig erscheint und so muß es auch sein.

So praktiziert ein Weltling das spirituelle Leben. Immer wieder arbeiten wir an unseren Reaktionen, an unseren Leidenschaften, unseren Ablehnungen und Widerständen. Sie mögen an Kraft verlieren und weniger häufig auftauchen, aber sie können nicht völlig verschwinden. Was wir aber verlieren können, ist die "Ich"-Illusion, und dann gibt es nichts, wo sich der Staub absetzen könnte, niemand, der reagieren kann und nichts, um darauf zu reagieren. Das ist eine geniale Lösung des menschlichen Problems, mit der sich keine andere vergleichen läßt.

Zerschlagen wir den Spiegel, kommen wir natürlich der Antwort auch nicht näher. Was bleibt uns, wenn wir den Spiegel zerschlagen? Viele Scherben und Stücke, ein Spiegel, in den wir nicht einmal mehr hineinschauen können und viel Schutt um uns herum. Es ist nutzlos, auf das "Ich" einzuschlagen, es zu unterdrücken oder ihm zu sagen, es solle weggehen. So zu tun als wäre es nicht da, ist auch ein populärer Zeitvertreib, der nicht funktioniert. Solange es existiert, wird es Staub ansammeln, ganz egal, wie sehr wir seine Existenz verleugnen. Der Vorwand, es sei verschwunden, verändert gar nichts.

Was wir tun können, ist Achtsamkeit, verbunden mit Nachforschen und Innenschau, zu praktizieren. "Wer handelt, denkt oder fühlt?" Wenn die Antwort "ich" aufsteigt, dann können wir untersuchen: Wer ist dieses "Ich"? Wie kommt das? Weil wir den Gedanken besitzen? Können wir den Gedanken auch loslassen? Natürlich können wir das. Wir könnten leicht sagen: "Ich will diesen Gedanken nicht; ich will einen anderen." Wir sind mit dem ständigen Problem des Anhaftens an Gefühlen, Gedanken und Körper konfrontiert und glauben, sie wären "Ich". Durch ständiges Untersuchen kann die Fessel gelockert werden und wir bekommen etwas Distanz vom "Ich", was uns besser reflektieren läßt.

Solange es zwischen "mir" und "meinen" Gedanken keinen Zwischenraum gibt, sind wir mit ihnen identifiziert und können praktisch nichts erkennen. Es ist dasselbe, wie wenn wir in den Spiegel schauen. Wenn wir unsere Nase gegen den Spiegel drücken, können wir gar nichts sehen. Zum richtigen Erkennen brauchen wir genügend Abstand. Je öfter wir nachfragen: "Wer denkt, fühlt, handelt", desto mehr wird diese enge Beziehung gelockert. Dann haben wir Freiraum und eine ungehinderte Sicht.

Eine zweite Zugangsmöglichkeit ist, sich daran zu erinnern, daß alles unbeständig und veränderlich ist. Jedesmal wenn ein Gefühl aufsteigt, das uns zur Reaktion verlockt, können wir dessen Unbeständigkeit betrachten. Achtsamkeit bedeutet, daß wir objektiv und unbeteiligt sind, und aufpassen, was in uns vorgeht. Auch wenn wir kein umfassendes Wissen vom haben, können wir es dennoch durch Praktizieren selbst erfahren. Der Buddha sagte, daß Achtsamkeit der Weg zur Befreiung sei, so daß wir schließlich ganz klar erkennen können:

> Es gibt die Tat, aber keinen Täter,
> Es gibt Leiden, aber keinen Leidenden,
> Es gibt den Pfad, aber niemanden, der ihn beschreitet,
> Es gibt *Nibbāna*, aber niemanden, der es erreicht.

Wenn wir eine leise Ahnung vom "Nicht-Selbst" haben, dann können wir sie, wie einen Samen, zum Wachstum bringen. Wenn wir den ersten Schimmer bekommen, daß die ganze Idee des "Ichs" eine Täuschung sein könnte, dann können wir das immer wieder überprüfen, bis es mehr Realität annimmt. Dann sind wir dabei, die falsche Ansicht von uns selbst zu verlieren, was die Essenz des ausmacht.

Wenn rechte Anschauung unseren Pfad beleuchtet, so ist das ein Antrieb zum Praktizieren. Wenn wir noch die konventionelle Ansicht von uns selbst haben, wie jeder ungeübte Geist sie von sich hat, dann rutschen wir leicht vom Pfad ab. Es ist ja "ich", für den das Training nicht so komfortabel ist, "ich" könnte eventuell anders mehr Vergnügen haben. Aber rechte Ansicht erlaubt diese Art der Verwirrung nicht, weil wir wissen, daß es nichts Wichtigeres gibt als den Spiegel, der den Staub ansammelt, immer wieder aufzugeben. Offensichtlich können wir auf keine andere Weise den Staub loswerden.

Alles, was existiert, muß gereinigt werden. Nur wenn nichts mehr Substanz hat, gibt es nichts mehr zu säubern. Was für eine Erleichterung das sein würde! Überhaupt kein Reinigen, kein Waschen, kein Fegen, keine Reaktionen, nur noch vollkommene Reinheit und Stille. Dann gibt es nichts, worüber wir uns sorgen könnten oder was uns Angst verursachen würde, nichts was Schuldgefühle hervorbringen kann oder was wir tadeln wollten, nichts was wir bedauern oder erhoffen würden. Alles ist so, wie es ist! Solange es einen Spiegel gibt, wird er Staub ansammeln. Wenn der Spiegel verschwunden ist, wo kann sich der Staub dann niederlassen?

* * *

VII
Nichts Besonderes

Spirituelle Praxis wird oft mißverstanden und als etwas Besonderes angesehen. Das ist es aber nicht. Es sind einfach unser ganzer Körper und Geist, überhaupt nichts Besonderes, eben wir selbst. Manche Menschen stellen sich darunter Meditation oder Rituale, Andacht oder Rezitationen vor, die zu gewissen Zeiten an einem bestimmten Ort vollzogen werden müssen. Oder es mag für uns mit einem bestimmten Menschen verbunden sein, ohne den die Praxis nicht stattfinden kann. Dies sind Ansichten und Meinungen, die zu nichts führen.

Im besten Fall führt es dazu, daß wir uns in zwei, drei oder gar vier Menschen spalten, wo wir doch noch nicht einmal ein Ganzes sind: Nämlich in den gewöhnlichen Menschen, der die alltäglichen weltlichen Aufgaben verrichtet und in den, der zu bestimmten Zeiten auf verschiedene Art und Weise spirituell wird. Meditation, Rituale, andächtige Übungen, Rezitationen, bestimmte Plätze, gewisse Menschen können für unser Leben wichtig sein, aber sie sind nicht die Essenz unserer Spiritualität.

Unsere Praxis besteht aus ständiger Läuterung; es gibt nichts anderes zu tun. Eines Tages kommen wir zu dem Punkt, wo unsere Geistesregungen und Gefühle nicht nur gut und liebevoll, sondern auch voller Weisheit sind, zum Wohl für uns und andere. Das ist möglicherweise eine Festlegung eines Zieles. Um jedoch zu diesem Ziel zu kommen, müssen wir genau wissen, wo wir uns jetzt befinden. Wie könnten wir sonst die Reise beginnen? Viele Menschen drehen sich in ihrer spirituellen Praxis im Kreis, weil sie entweder übertriebene oder unterschätzende Vorstellungen von ihrem eigenen Wert haben. Beide Extreme sind für ein grundlegendes Erkennen von uns selbst abträglich.

Wir müssen damit anfangen, jegliches innere Unbehagen zu untersuchen. Stellt Euch vor, Ihr sitzt auf einem Kissen und das eine Bein ist so gebeugt, daß das Unbehagen größer und größer wird. Würdet Ihr etwas unternehmen oder würdet Ihr so den Rest Eures Lebens sitzen bleiben? Körperliches Unbehagen ist etwas, dem wir alle entfliehen, es zumindest lindern und so schnell wie möglich loswerden wollen. Wie steht es mit geistigem und emotionellem Unbehagen? Was könnte dem an Wichtigkeit gleichkommen und warum fühlen wir uns oft so unbehaglich? Niemand fühlt sich in einem unordentlichen, schmutzigen Haushalt wohl und dasselbe gilt für unseren inneren Haushalt, wenn unheilsame Regungen, wie Widerstand, Ablehnung, Ängste, Bedrohung, Sorgen über Vergangenheit oder Zukunft aufsteigen. Wie könnte das behaglich sein?

Nur wenn wir erkennen, daß wir die Erzeuger unseres eigenen Unbehagens sind, ist der Zugang zur Veränderung offen. Solange wir noch glauben, daß andere Menschen, Situationen oder der Mangel an Anerkennung, Lob oder Liebe schuld sind, haben wir noch nicht angefangen zu praktizieren.

Wir müssen einen Ausgangspunkt finden. Wenn man bei einem Rennen mitlaufen will, muß man die Startlinie finden. Der Ansatzpunkt für diese Praxis ist in unserem eigenen Innenleben verankert. Nur solche Menschen, die entschlossen sind, spirituell zu wachsen, werden diese fundamentale Grundlage in sich finden, von der das innere Wachstum ausgehen kann.

Wir müssen voll engagiert sein und nicht nur für die wenigen Stunden der Meditation oder für vereinzelte Momente, in denen wir uns daran erinnern. Wenn wir die ganze Zeit an uns arbeiten, wird der ganze Mensch geläutert. Wir dürfen uns nicht mit einem Lippenbekenntnis zufriedengeben; es muß echt sein! Alles Unbehagen in uns, aller Kummer, jegliche Angst oder Sorgen, sind von uns selbst geschaffen. Erst dann ist unser Herz für Veränderung weit geöffnet. Dieses Akzeptieren und Erkennen verändert unsere Innenwelt, weil wir nun anfangen können, unser Leben bewußter zu lenken. Bis dahin waren wir hilflose Opfer. Wir können nicht die Welt oder andere Menschen verändern; wir können ja kaum das Verhalten eines Hundes verändern. Aber wir können uns selbst verändern. Solange wir dies zwar glauben, aber nicht tun, haben wir uns noch nicht dem spirituellen Wachstum hingegeben. Wir können sogar meditieren, aber es werden sich kaum Resultate in unserem Leben zeigen.

Es beginnt mit innerer Sanftheit, Akzeptieren und Geschmeidigkeit. Wir werden Menschen und Situationen gegenüber offener und freier. Sollten wir unsere eigenen Ideen und Standpunkte beibehalten und weiterhin ständig dieselben Lebensbereiche gern haben oder ablehnen, haben wir für unsere inneren Reaktionen noch nicht genügend Sensibilität entwickelt. Sanftheit, Akzeptieren und Einfühlungsvermögen können viel Schmerz verursachen, aber das ist ein Teil der Praxis. Gerade weil es schmerzhaft ist, wird es aber oft abgelehnt. Das kann jedoch nicht die richtige Art und Weise sein, mit sich selbst umzugehen. Wenn wir uns ein Bein brechen und es nicht schienen lassen wollen, weil das weh tut, müssen wir den Rest unseres Lebens humpeln. Dies ist gleichbedeutend mit der Suche nach einer lebenslänglichen Betäubung, die jede Bewußtheit abstumpft und uns in einem halbwachen

Zustand hält.

Da jeder von uns die sechs Wurzeln von Gier, Haß und Verblendung und deren Gegenteil, Großzügigkeit, Liebe und Weisheit in sich hat, manifestieren wir ununterbrochen eine von diesen in uns. Liebe und Haß, Gier und Großzügigkeit sind gleichmäßig in den meisten Menschen verteilt. Verblendung ist der zugrundeliegende Faktor all' unserer geistig-emotionellen Aktivitäten und Weisheit ist rar.

Wir hassen tatsächlich selten jemand, weil er abscheulich ist, sondern eher weil unser innerer Haß ein Ventil sucht. Dies ist eine der vielen Absurditäten der Menschheit, und nur sehr wenige Menschen sind sich dieser einfachen Tatsache bewußt, die unser ganzes Leben verändern könnte. Wenn wir hassen, tun wir das nicht, weil irgend etwas hassenswert wäre, sondern nur, weil sich Haß manifestieren will.

Wer zuerst unglücklich wird, ist derjenige, der haßt. Diese negative Emotion ist wie ein Stachel, den wir benutzen möchten, um andere zu verletzen, aber er sticht den anderen erst, wenn dieser ihn festhält. Dies ist ein Naturgesetz und so einfach, daß die meisten Menschen es total übersehen. Wir gehen mit einer klaren Demarkationslinie durch das Leben: Rechts ist alles, was wir gern haben und links ist alles, was wir ablehnen. Gewisse Eigenschaften und Merkmale sind unserer Meinung nach immer entweder gut oder schlecht. Manchmal funktioniert es nicht ganz auf diese Art und Weise, aber wir lehnen es ab, deswegen unsere Demarkationslinie zu verlegen. Das ist keine angenehme Art zu leben. Man kann dabei nicht glücklich werden, weil es unmöglich ist, nur Menschen und Dinge zu finden, die man mag. In keiner Existenz ist Vollkommenheit zu finden und so hat man mit dieser Art der Reaktion wenig Hoffnung auf Glück und Frieden. Es ist erstaunlich, daß die meisten Menschen sich dieser Tatsache nicht bewußt sind. Viele haben schon davon gesprochen und darüber geschrieben, aber es bleibt immer wieder ein Thema für die spirituelle Praxis und nicht für den Alltag.

Zur Rekapitulation: Erstens wissen wir, daß wir selbst für alles, was in uns hochkommt, verantwortlich sind. Zweitens wollen und können wir uns ändern, weil wir erkennen, daß Abneigungen, Haß, Ängste und Sorgen uns selbst Unglück verschaffen.

Veränderung erfordert Ersetzen. Hier lernen wir das Meditationstraining schätzen, in dem wir ständig bereit sein müssen, unsere Gedanken mit der Achtsamkeit auf den Atem zu ersetzen. Für jemand, der nicht meditiert, ist das Ersetzen eines Gedankens mit einem anderen ein unbekannter Vorgang. Einen unheilsamen Gedanken mit einem heilsamen Gedanken auszutauschen, ist für Menschen, die nichts von spiritueller Praxis wissen, eine recht unglaubwürdige Idee. Wir alle neigen dazu, zu glauben, was wir denken. Daß niemand sonst so denkt, kommt uns nie in den Sinn. Der einzige unter fünf Milliarden Erdbewohnern zu sein, der solch einen Gedanken hat, ist eine Absurdität, die selten beachtet wird.

Der nächste wichtige Schritt bei unserem Reifungsprozeß ist das Erkennen unseres eigenen *dukkha*. Das scheint so selbstverständlich zu sein, daß man sich wundert, warum es oft so schwierig ist, das auch durchzuführen. Wenn wir, wie jeder Mensch, *dukkha* haben, sind wir zunächst geneigt, jemanden oder etwas zu beschuldigen. Wir können mit Menschen beginnen, mit Situationen weitermachen und unsere Sinneskontakte (Hören, Sehen, Schmecken, Berühren, Riechen) einschließen. Die Möglichkeiten zum Beschuldigen sind unbegrenzt. Aber wenn wir dem nachgeben, lehnen wir unsere Einsicht von der Selbstverantwortlichkeit ab. Wenn wir an diesem Verständnis hingegen festhalten, dann sehen wir *dukkha* auf eine andere Art. Es gehört zum Menschsein dazu, und ist eine universelle, nicht eine persönliche Wahrheit. Wenn wir jedoch unsere schmerzlichen Gefühle mit Ablehnung erleben und es nicht akzeptieren wollen, daß unser eigener Geist der Übeltäter ist, dann halten wir nach einem Sündenbock Ausschau. Das ist ein sehr populärer Zeitvertreib und mögliche Sündenböcke gibt es unzählige. Wenn wir uns erinnern, daß wir unser eigenes *dukkha* selbst verursachen, sind wir wieder auf dem spirituellen Pfad. Wenn wir unser eigenes *dukkha* nicht mögen, steigt gleichzeitig Haß auf, was uns "Doppel-*dukkha*" beschert.

Gebrauchen wir die Einsicht in selbstverursachtes *dukkha* als unseren nächsten Schritt, haben wir die Möglichkeit, das Unbehagen von Ablehnung und Haß wenigstens in Akzeptieren verwandeln zu können. Schließlich steigt ein Gefühl des Wohlbefindens in uns auf, ohne das die Meditation nicht gedeihen kann.

Dies alles sind fundamentale Aspekte von uns selbst, die wir untersuchen und erleben müssen. Spirituelle Praxis betrifft unser ganzes Sein, das Erforschen unserer Reaktionen, das Entwickeln von Sensibilität, Offenheit gegenüber anderen und die Haltung, die Dinge so zu nehmen, wie sie eben sind.

Wir fangen an zu erkennen, daß es gewisse notwendige Lernsituationen in unserem Leben gibt und wenn wir von ihnen nicht Gebrauch machen, werden wir wieder mit dem gleichen konfrontiert werden. Wenn wir einen Moment Rückschau halten, können wir vielleicht identische Erlebnisse erkennen, die uns schon viele Male passiert sind. Sie werden noch viele Male so wiederkommen, wenn wir uns nicht verändern.

Spirituelle Praxis bedeutet nicht, daß wir nur auf einem Kissen sitzen, sondern ist vielmehr eine Öffnung des Geistes zu dem, was sich tatsächlich im Inneren abspielt. Wenn sich diese Öffnung in dem Moment, wo wir uns vom Kissen erheben, wieder schließt, dann haben wir nicht wirklich erfolgreich meditiert. Es handelt sich nicht so sehr darum, wie lange wir auf dem Atem oder den Empfindungen mit Achtsamkeit verbleiben können, sondern darum, wie bewußt und wach wir sind. Dann können wir diese Wachheit bei unseren alltäglichen Reaktionen und Denkvorgängen benutzen. Es gibt die Behauptung von Descartes: "Ich denke, also bin ich." Tatsächlich ist es genau umgekehrt: "Ich bin, also denke ich." Wenn wir nicht eine gewisse Ordnung in unsere Gedanken und die darauffolgenden gefühlsmäßigen Reaktionen bringen können, wird unser Geist ständig Chaos in unseren inneren Haushalt bringen.

Dem Erkennen der Ursache unseres *dukkha* muß das Verstehen folgen, daß Ablehnung oder Kummer das *dukkha* nicht verschwinden lassen; nur das Loslassen der Wünsche läßt *dukkha* verschwinden, was eindeutiges Akzeptieren bedeutet. Sich selbst zu akzeptieren hat zur Folge, daß wir auch andere akzeptieren können. Die Schwierigkeiten mit anderen Menschen kommen daher, daß sie uns einen Spiegel vorhalten, in dem wir unsere eigenen Fehler sehen können. Wie nützlich ist es doch, so einen Spiegel zu haben. Wenn wir mit anderen zusammenleben, können wir uns selbst wie ein Spiegelbild betrachten und eines Tages sind wir wie Milch und Wasser, welche sich vollkommen miteinander verbinden. Es liegt bei jedem von uns, diese Verbindung zu ermöglichen; wenn wir darauf warten, daß andere es tun, arbeiten wir nicht an unserem Wachstum. Dies ist ein schwieriges Unterfangen, aber auch ein sehr wichtiges. Schließlich werden wir genügend inneres Wohlbefinden entfalten, um unser Bewußtsein zum Verstehen der Universalität zu erweitern.

Die Welt dort draußen ist sehr geschäftig und wir werden von unwesentlichen Angelegenheiten eingefangen. Die Welt innen ist auch sehr geschäftig, aber wir können etwas dagegen tun. Wir können sie beruhigen, um klarer zu sehen. Der Weg der spirituellen Praxis ist nichts Besonderes; nur unser ganzer Körper und Geist.

* * *

VIII
Spirituelles Wachstum

Unsere Meditation muß eine Richtung haben, sonst verlaufen wir uns im Gestrüpp unseres Geistes. Unsere Richtung ist Einsicht, die zur Befreiung führt. Wie können wir Einsicht erlangen und wie können wir sie benutzen? Einsicht kann auch "erkanntes Erleben" genannt werden.

Jeder Mensch, jedes lebende Wesen, macht ständig die Erfahrung der Unbeständigkeit, aber ohne sie ganz zu verstehen und so gibt es keine Möglichkeit, daraus Nutzen zu ziehen. Im Gegenteil, die meisten Menschen versuchen, die Vergänglichkeit zu verschleiern, sie zu vergessen oder sie sich nicht einzugestehen. Das gilt praktisch für jeden, weil wir die Unbeständigkeit solange verleugnen, bis wir ihre Bedeutung ganz begriffen haben. Wenn wir nicht vollkommene Aufmerksamkeit auf sie lenken, haben wir keine Beziehung zu ihr und sie ist nicht Teil unseres Erlebens.

Es gibt weder Gedanken, Gefühle oder körperliche Empfindungen, noch Bewegungen oder Handlungen, oder irgendwelche Augenblicke, die bestehen bleiben. Alles geht uns ständig verloren. Wir erkennen nicht die Bedeutung dieses offensichtlichen Geschehens, dem wir die ganze Zeit unterworfen sind, sondern lassen es an uns vorbeiziehen, ohne unsere Aufmerksamkeit darauf zu lenken. Nur wenn etwas sehr Unangenehmes passiert, dann werden die meisten von uns aufmerksam und erwarten die Unbeständigkeit: "Wie wunderbar ist es doch, daß es die Vergänglichkeit gibt," denken wir dann. Aber das ist natürlich nicht der günstigste Moment, um sich der veränderlichen Natur aller Erscheinungen bewußt zu werden. Wenn etwas Angenehmes aus unserem Leben verschwindet, dann ist der richtige Moment zu bemerken, wie machtlos wir diesem unerbittlichen Naturgesetz gegenüberstehen.

Das Erleben der Unbeständigkeit in uns selbst muß vollkommen erkannt sein, so daß eine neue Einstellung zum Leben aufsteigen kann. Nur dann können wir von Einsicht sprechen. Diese innerlichen Veränderungen durch Einsicht sind keine dramatischen Umwälzungen, sondern eher langsame und sanfte Entwicklungen, die am Ende eine vollständige Kehrtwendung bewirken.

In der Meditation hat erkanntes Erleben nicht nur mit Unbeständigkeit zu tun. Es gibt andere, genauso wertvolle Erfahrungen, aber keine davon kann als Einsicht bezeichnet werden, wenn sie nicht zu einem inneren Wissen mit einer sich anschließenden grundlegenden Veränderung wird. Dieses Wissen entsteht aus der stillen Betrachtung, nachdem die Meditation vorüber ist. Während der Meditation findet das Erlebnis statt und danach sind wir in der Lage, die Bedeutung des Erlebten zu erkennen. Nur dann können wir unsere Handlungen mit unseren Einsichten in Einklang bringen.

Einsichten sind wahrheitsgemäß und richtig, wenn wir sie in unserem Leben anwenden können. Als Beispiel: Während der Meditation mögen wir klar erkannt haben, daß wir der Eigentümer unseres *Karmas* sind, verantwortlich für alles, was uns geschieht. In dem Moment ist es ein erkanntes Erleben. Aber es wird nur Früchte tragen, wenn wir auch danach handeln; wenn wir uns entscheiden und dies auch folgerichtig nachvollziehen, von jetzt an möglichst wenig schlechtes *Karma* zu machen. Auf diese Weise findet spirituelles Wachstum statt. Wir nehmen das meditative Erleben als Auslöser und handeln so oft danach wie es unsere Achtsamkeit erlaubt. Das macht die neue Einsicht zum Teil unseres Seins. Dieser allmähliche Ablauf verändert uns langsam zu einem anderen Menschen.

Wenn so eine Veränderung stattfindet, sehen wir vielleicht ganz klar, daß es nirgendwo ein bleibendes Wesen gibt, denn das altbekannte "Ich" erscheint nun anders. Das ganze spirituelle Leben dreht sich darum, uns selbst zu verändern. Manchmal erkennen wir sicherlich, daß es niemand gibt, der ein solides Wesen wäre, daß es nur Aktion und Reaktion gibt. Unser erkanntes Erleben wird nicht von welterschütternder Bedeutung sein, sondern wird uns vielmehr zeigen, wie wir uns im täglichen Leben benehmen und wie wir den spirituellen Pfad praktizieren sollen.

Befreiung von allem *dukkha* kommt durch zwei verschiedene Möglichkeiten: Durch das Herz und durch den Geist. Wenn wir von Befreiung durch den Geist oder von Weisheit sprechen, dann beziehen wir uns auf die Einsicht, die wir durch die direkte Erfahrung der Unbeständigkeit erlangen. Wenn wir von der Befreiung des Herzens sprechen, beziehen wir uns auf die Erweiterung unserer Gefühle in eine allumfassende, nie schwankende Liebe und in unendliches Mitgefühl. Welchen Weg uns unsere Einsicht führt, spielt keine Rolle; die Ursachen dafür sind bestimmte Vorbedingungen, die wir in dieses Leben mitgebracht haben.

Ganz offen zu sein, bedeutet, an nichts anzuhaften, weder an Ansichten noch an Meinungen, noch an vorgefaßten Ideen oder Ängsten; es ist eine totale Hingabe von uns selbst an das Erleben. Sicherlich braucht das Übung und Zeit, aber jede einzelne Meditation bringt uns Erleben. Ob es körperlicher Schmerz oder Langeweile ist, Ablehnung oder Ruhe, Verzückung oder Ärger, irgend etwas muß zwangsläufig passieren. Wenn gar nichts ablaufen würde, hätten wir ja nur dahinvegetiert.

Wenn unsere Negativitäten als Hindernisse verstanden werden, nicht als persönliche Katastrophen, dann müssen wir nicht auf sie reagieren und haben gleichzeitig Einsicht erlangt. Wenn positive Erlebnisse wie Ruhe, Glück oder Frieden im Lichte der Unbeständigkeit untersucht und als "bedingt entstandene Zustände", die nicht befreien, erkannt werden, dann haben wir wieder etwas Weisheit erlangt.

Alle Zustände, die auf Bedingungen beruhen, müssen unbeständig sein, weil die Bedingung (in diesem Fall die Konzentration) nicht andauern kann. Einsicht bleibt uns dagegen und wir können unser Verstehen durch Wiederholung vertiefen.

All' unsere früheren Gedanken, Handlungen und Reaktionen haben die Persönlichkeit geschaffen, die wir sind. Wir haben die enorme Aufgabe, diese tief verwurzelten Geisteszustände loszulassen, die wir uns in unzähligen Leben zur Gewohnheit gemacht haben. Wir können jedoch auch Geisteszustände wiedererwecken, die unsere Einsichten in die absolute Wahrheit zum Inhalt haben. Wenn wir diese Gedanken so viel und so oft wie möglich rekapitulieren, werden sie uns zur zweiten Natur. Das heißt dann, daß wir unsere Natur verändert haben und indem wir das tun, sind wir auf dem Weg zur Befreiung - der größten Veränderung überhaupt.

Jedes persönliche Erlebnis, während oder außerhalb der Meditation, kann zu neuem Verständnis führen, aber nicht in der Form von weltlichem Wissen, sondern als Einsicht in die spirituelle Wahrheit. Wenn wir alles, was geschieht, im Lichte einer zugrundeliegenden absoluten Wirklichkeit betrachten, jenseits weltlicher Bewertungen, sind wir auf spirituelles Wachstum ausgerichtet. Alle Geschehnisse, die Teil unseres täglichen Lebens sind, können dann als Resultate von Voraussetzungen, die in unserem Geist-Kontinuum vorherrschen, angesehen werden. Sie haben weder eine eigene Persönlichkeit, noch müssen wir in sie verwickelt werden. Wir können in der Meditation üben, jede Art von Erlebnis, jeden Geisteszustand, jedes Gefühl einfach als Bedingung zu betrachten. Das bedeutet, daß wir nur Erscheinungen sehen, deren Aufkommen und Verschwinden, ihre unbefriedigende Natur und ihre bedingte Existenz.

In der Praxis ist es wichtig, beide Arten des Zugangs zu benutzen, nämlich die Öffnung des Herzens und die Öffnung des Geistes, weil wir dadurch unsere Möglichkeiten erweitern. Wir haben den Geist, der versteht und das Herz, das fühlt. Verständnis kommt durch objektive Achtsamkeit, und die Erweiterung des Herzens geschieht durch wiederholte Anteilnahme und Liebe. Beide Wege zusammen bieten die beste Chance für unser Wachstum, weil wir dabei alle unsere Fähigkeiten ins Spiel bringen.

Selbst die weltlichsten Erfahrungen eignen sich für Einsicht, weil Geist und Körper von dieser Welt sind und unsere Grundlage für die Innenschau bilden. Wir brauchen keine Erfahrung einer anderen vorzuziehen. Nur wenn wir ohne Objektivität in das Geschehen verwickelt werden, dann ist es für uns keine Hilfe. Solange wir hellwach und vollbewußt sind, können wir aus allen Situationen lernen. Unser Ausgangspunkt ist genau da, wo wir jetzt sind und eines Tages werden wir unser Wissen in Erleben umwandeln können. Das mag die schwierigste, aber auch die lohnendste aller Erfahrungen sein.

* * *

IX
Das Herz als Quelle des Bewußtseins

Der Geist (*citta*) besteht aus Gefühlen, Wahrnehmungen, geistigen Formationen (Gedanken) und Sinnesbewußtsein, so daß es gerechtfertigt ist, daß wir entweder "Geist" oder "Herz" dazu sagen. Wenn wir von Bewußtsein sprechen, so meinen wir meistens Erkennen. In der erklärenden Terminologie des Buddha wird das Herz als Grundlage des Bewußtseins beschrieben. Dies widerspricht unserer gewöhnlichen Annahme, daß Denken die Grundlage unseres Bewußtseins sei. Es macht das Gefühl zum Mittelpunkt all' unserer Erfahrungen.

Wenn unsere Gefühle geläutert, liebevoll, mitfühlend, hilfreich und großzügig sind, dann ist unser zugrundeliegendes Bewußtsein dementsprechend. Hier ist - mit einem Wort - Zufriedenheit, die ganz von unserer Innenwelt abhängig ist. Wir wissen auch, daß wir nicht friedlich reagieren können, wenn wir ärgerlich, aufgeregt oder ängstlich sind. Zu solchen Zeiten wird sich unser Bewußtsein nicht für Ruhe und Gleichmut eignen. Das ist ein Widerspruch in sich und ist auch nicht im Einklang mit unserem derzeitigen inneren Gefühlsleben.

Wenn wir uns darum bemühen, unsere Emotionen zu meistern, sollten wir unser Bewußtsein auf Glück und Ruhe richten. Wir haben jedoch auch die Wahl, uns für negative und traurige Zustände, Sorgen, Ängste und Abneigungen zu entscheiden. Es ist derselbe Geist, der entweder positive oder negative innere Zustände schafft. Wenn wir wachsen und reifen wollen, müssen wir der Läuterung der Emotionen größte Bedeutung beimessen. Die emotionelle Verfeinerung bringt Klarheit des Denkens und ist daher für Weisheit unerläßlich. Glücklicherweise sind wir unfähig, uns zwei verschiedene Richtungen gleichzeitig ins Bewußtsein zu rufen, so daß es möglich ist, nur das Hilfreiche und Wertvolle aufsteigen zu lassen.

Wenn wir diese Lektion nicht meistern, werden wir ein Opfer unserer Emotionen bleiben, was keine sehr befriedigende Lebensweise ist. Wir müssen lernen, daß negative Emotionen jeglicher Art nichts weiter als die Manifestation einer unbeherrschten Herzensquelle sind. Alles *dukkha* bedeutet, daß wir die Kontrolle darüber verloren haben. Es ist ein sehr ermutigender Aspekt der Lehre des Buddha, daß sie verspricht, daß wir Kontrolle über uns selbst erlangen können, wenn wir daran arbeiten.

Ein Bewußtsein, das auf einer geläuterten Herzensgrundlage basiert, öffnet sich für universelle Wahrheiten, die über die Belanglosigkeiten individualisierter Persönlichkeit hinausgehen und diese überwinden. Wir haben gehört und gelesen, daß das Selbst oder "Ich" eine Täuschung ist. Aber es bleibt zunächst eine interessante Mitteilung, die wir in unseren Köpfen herumtragen können. Diese sind sowieso voll von komplexem Wissen, wovon das meiste ziemlich nutzlos ist. Obgleich diese Information nicht nutzlos ist, hat sie, solange sie eine Information bleibt, nicht viel Bedeutung. Wenn wir unsere Herzensgrundlage läutern und uns einem universellen Aspekt von Freiheit öffnen, der uns mit allem Existierenden vereint, dann wird es unserem Bewußtsein möglich sein, persönliche Reaktionen und Emotionen zu überwinden. Dies ist unsere Hoffnung für Glück und Frieden.

Was immer im Zusammenhang mit "mir" und "dir" und "uns" und "euch" steht, kann nie ganz zufriedenstellend sein, weil wir alle nicht vollkommen sind. Unser begrenztes und beurteilendes Herz wird nie vollkommenes Glück bringen, aber die Hinwendung zum Reinen und Schönen in uns und unserer Umwelt wird uns Zugang zum transzendentalen Bewußtsein eröffnen. Dies ermöglicht uns zu erkennen, daß unsere Emotionen unsere Geisteszustände bestimmen. Wenn diese in den engen Beschränkungen der Dualität und der akzeptierten Realität der Sinneskontakte bleiben, können wir nicht die Geborgenheit innerer Freude und inneren Friedens schaffen, nach der wir uns alle sehnen. Die meisten von uns suchen nicht nach einem ständigen "Hoch", sondern nach einem Gefühl der Zufriedenheit. Finden wir Reinheit im eigenen Herzen, können wir dies auch auf alles um uns herum beziehen. Dem Reinen im Herzen erscheint alles rein.

Das uns bekannte Bewußtsein verändert sich von Augenblick zu Augenblick und ist immer von unseren Emotionen abhängig. Wir wissen aus eigener Erfahrung, daß unsere Emotionen schon allein von morgens bis mittags viele Male gewechselt haben und unser ganzes Innenleben durch sie ständig anders wurde.

Vielleicht sah die Welt frühmorgens ganz angenehm aus, aber um 10.00 Uhr sah sie schrecklich aus. Warum das? Es ist dieselbe Welt, oder nicht? Aber unser Innenleben veränderte sich. Unsere Emotionen zu meistern, erfordert Innenschau, Ehrlichkeit, mehr Aufmerksamkeit auf unsere Gefühle und die Erkenntnis, daß alles, was *dukkha* schafft, sich auf eine unserer Unreinheiten stützt. Ob wir tatsächlich unsere Negativität bemerkt haben, ist noch nicht einmal so wichtig wie zu wissen, daß *dukkha* aufgrund unserer eigenen Reaktionen entstanden ist.

Wenn wir uns nur erinnern könnten, daß jeder von uns eins von fünf Milliarden menschlichen Wesen auf einem kleinen

Planeten ist, der selbst einen winzigen Punkt in einer Galaxie darstellt, - der Buddha hatte Einfluß auf zehntausend Galaxien, - dann wären wir vielleicht in der Lage, unsere eigenen Wünsche in eine etwas bessere Perspektive zu rücken. Die Art und Weise wie wir uns selbst und andere betrachten, steht in keinem Verhältnis zu der Unermeßlichkeit aller Existenz. Wenn wir die innewohnende Unzulänglichkeit in der Unendlichkeit aller Manifestationen betrachten, wird sicherlich das eigene Leid vollkommen belanglos. Wir können uns dieser Totalitär und Unermeßlichkeit immer wieder öffnen, was nur möglich ist, wenn unsere Herzensquelle nicht durch die Beschäftigung mit unseren eigenen Problemen und Reaktionen zum Versiegen gebracht wird. Dann können wir an dem Bewußtsein einer schrankenlosen, transzendentalen Wirklichkeit teilhaben. Eines Tages kommt dadurch das Gefühl und das innere Wissen, daß es in aller Existenz nichts gibt, was begehrenswert wäre. Zehntausend Galaxien sind nicht begehrenswert, auch nicht hunderttausend; ein Mensch ist es ebenfalls nicht, genauso wenig wie zwei oder drei.

Wenn solch eine Art Bewußtsein auf unser Gefühlsleben einwirkt, werden allmählich Resultate zu bemerken sein. Emotionalität (im Gegensatz zu Emotionen) wird von allem beeinflußt und reagiert ohne Kontrolle. Emotionen wie Liebende Güte, Mitgefühl, Mitfreude und Gleichmut läutern das Herz und machen es sanft, geschmeidig und leuchtend. Negative Emotionen lassen die Herzensquelle zusammenschrumpfen, positive erweitern sie; nur dann können wir uns zu der Universalität der Existenz hinbewegen. Wenn das Herz zusammengezogen ist, sieht es nur sich selbst. Wenn wir sehr unglücklich sind, sind wir nicht im geringsten an zehntausend Galaxien interessiert. Wir wollen nur wissen, wie wir aus diesem Unglück herauskommen. Das ist ein verengtes, eingeschrumpftes Bewußtsein. Wenn wir jemand hassen, der uns verletzt hat, sind wir nicht daran interessiert, daß es fünf Milliarden andere Menschen auf diesem Planeten gibt. Sind wir nur mit unserem eigenen Haß beschäftigt, so hat dies eine eingeschränkte Herzensgrundlage zur Folge.

Wenn wir lernen, diese Reaktionen loszulassen, erweitern wir unsere Herzensquelle, was eine Erweiterung unseres Bewußtseins zur Folge hat. Wir können das mit einer Dehnübung vergleichen. Wenn wir sie oft genug praktizieren, wird sich die Geschmeidigkeit nicht wieder verhärten. In unserem alltäglichen Leben haben wir unzählige Gelegenheiten, an unseren eigenen Reaktionen zu arbeiten und sie zu überprüfen. Indem wir das tun, praktizieren wir das .

Dem Herzen als Sitz des Bewußtseins muß Fürsorge, Aufmerksamkeit und Anerkennung dargebracht werden. Wenn wir es so erweitern können, daß wir die Wirklichkeitssicht der Dualität transzendieren und keine Barrieren mehr zwischen uns und dem Rest der Welt aufbauen, werden wir unseren Persönlichkeitsglauben verlieren. Dies verspricht das einzig währende Glück.

* * *

X
Wer bin ich?

Vollkommene Erleuchtung bedeutet, daß wir die falsche Ansicht vom Selbst entwurzelt haben. Aber da man tiefe Wurzeln nicht über Nacht ausgraben kann, haben wir allen Grund, jetzt gleich damit anzufangen. Es ist eine langwierige und schwierige Arbeit, einen großen Baum auszugraben, und wir müssen alle verfügbare körperliche Kraft dazu einsetzen. Im Falle des "Selbst" müssen wir also unsere gesamte geistige Energie aufbringen, um ein so tiefverwurzeltes und weitverzweigtes Wurzelsystem auszugraben, von dem wir total durchsetzt sind.

Durch unsere eigenen Erfahrungen wissen wir, daß unsere Selbstbezogenheit eine enorme Bürde ist, die das Leben schwierig macht und ständige Spannung verursacht. Sich um dieses schwer definierbare "Selbst" zu kümmern, ist ein unnötiger Energieaufwand, da wir die Forderungen des "Ich" kaum jemals befriedigen können. Wir sind ständig auf der Suche nach dem richtigen Menschen, der uns die nötige Beachtung schenken soll. Solche Menschen gibt es nicht, weil sich jeder hauptsächlich um sich selbst kümmert. Das ist eine der Schwierigkeiten in zwischenmenschlichen Beziehungen jeder Art, in Familien, in der Schüler-Lehrer-Beziehung oder in Gemeinschaften.

Zu Lebzeiten des Buddha stritt König *Pasenadi* mit seiner Frau, Königin *Mallikā*. Er beschuldigte sie, daß sie ein Emporkömmling sei. Sie war durch ihn, obwohl selbst von niedriger Geburt, berühmt geworden und jeder war ihr gegenüber ehrerbietig. Er sagte, daß sie nur mit sich selbst beschäftigt sei und obwohl er der Grund für ihren Reichtum und ihre Stellung als Königin sei, nähme sie ihn als selbstverständlich hin und fühle sich ihm sogar überlegen. Er war so aufgebracht, daß er überhaupt nicht mehr mit ihr reden wollte. Als nun der Buddha sie besuchte, sah er, daß die Königin nicht anwesend war und fragte nach ihr. Der König berichtete dem Buddha seine Beschwerde. Da bat der Buddha darum, *Mallikā* zu rufen und erklärte beiden, daß es menschlich sei, hauptsächlich an sich selbst zu denken.

Nachdem der Buddha gegangen war, sagte Königin *Mallikā* zu ihrem Mann: "Wen liebst Du am meisten? Dein Land, mich, Deine Kinder, Deinen Reichtum, Deine Position als König oder Dich selbst?" Er dachte eine Weile nach und antwortete aufrichtig: "Ich liebe mich selbst am meisten." Dann wandte sich der König an seine Frau und fragte sie: "Wen liebst Du am meisten? Deine Kinder, Deinen Reichtum, die Menschen im Königreich, mich oder Dich selbst?" Er hoffte, daß sie sagen würde, daß sie ihn am meisten liebte, aber sie antwortete auch, daß sie sich selbst am meisten liebe. Wieder wollte er nicht mehr mit ihr reden, da er enttäuscht war. Er ging zum Buddha, um ihm diese Unterhaltung zu wiederholen. Der Buddha sagte: "Jeder liebt sich selbst am meisten; so ist die menschliche Natur." Er empfahl dem König, daß er mit Königin *Mallikā* Frieden schließen solle, was dieser auch tat.

Solange unser "Ich" noch unversehrt ist, lieben wir es am meisten. Wir werden niemand finden, der uns so sehr liebt, wie wir uns selbst lieben. Aufgrund unserer Ich-Illusion glauben wir aber, daß es irgendwo doch so jemanden geben müsse. In Wirklichkeit sollten wir diese Suche ganz anders handhaben. Wir sollten nicht versuchen, jemand zu finden, der uns hilft, die Ich-Illusion aufrecht zu erhalten und sie sogar noch zu unterstützen, sondern lieber jemand, der uns dabei hilft, sie loszuwerden. Da das die Essenz des ist, können das der Buddha und seine Lehre sein.

Innenschau zeigt uns die Schwierigkeit, das "Ich" solide und sicher zu verankern. Tatsächlich ist dies eine solche Belastung, daß wir nicht zutiefst glücklich sein können. Wir können angenehm erregt sein, aber vollkommenes Glück ist mit einem "Selbst", das ständig Bestätigung braucht, nicht möglich. Wir sind nicht zufrieden, wenn wir uns selbst versichern, wie wunderbar und clever wir sind: Wir brauchen zumindest einen oder zwei andere Menschen, die diese Ansicht teilen, bestärken und unterstützen.

Je größer und wichtiger unser Selbstbild erscheint, desto eher kann es umgeworfen werden. Wir glauben oft, daß es Sensibilität wäre, wenn unsere Gefühle leicht verletzt werden. Es bedeutet aber nur, daß wir egozentrisch sind und unser bedrohtes "Ich" beschützen wollen.

Die Suche nach vollkommener Befriedigung für uns selbst ist ein vergebliches Bemühen. Weder Befriedigung noch das "Ich" existieren wirklich. Da sich alles von Augenblick zu Augenblick verändert, wo könnte das "Ich" und wo könnte die Befriedigung gefunden werden? Und doch sucht die ganze Welt nach diesen beiden Dingen, was sich auch ganz vernünftig anhört. Aber da sie letztendlich unmöglich zu finden sind, ist auch niemand völlig zufrieden und glücklich. Das kommt nicht unbedingt durch erlebte Tragödien, Armut, Krankheit oder Tod, sondern einfach, weil die eigenen Wünsche und Sehnsüchte unerfüllt bleiben. Alle Menschen suchen nach etwas, was es nicht gibt. Das ist noch schlimmer als nach einer Stecknadel im Heuhaufen zu suchen. Die Nadel ist wenigstens dort, obwohl sie schwer zu finden ist. Aber Befriedigung und "Ich" sind beides Illusionen, wie könnten sie also je gefunden werden? Sie "hier und dort" zu suchen, hält uns alle auf diesem kleinen Erdball in Bewegung. Würden wir aufhören, nach einer Befriedigung des "Ich" zu suchen, würden wir sofort eine Verminderung der Unzufriedenheit (*dukkha*) erleben, weil *dukkha* nur dadurch, daß wir etwas haben wollen, entsteht. Unsere "Ich"-Vorstellung würde auch verkleinert werden, weil das "Ich" dann nicht mehr ständig im Vordergrund des Geistes steht.

Um an dieses enorme Wurzelsystem, in das wir verstrickt sind, heranzukommen, müssen wir Achtsamkeit anwenden. Die Schwierigkeit wirklicher Achtsamkeit besteht darin, daß wir bald bemerken, daß es keine Persönlichkeit, sondern nur Körper und Geist gibt. Es ist so, als stießen wir gegen eine Wand, und anstatt daß wir uns durch die Wand hindurcharbeiten, wendet sich der Geist ab und will nichts weiter davon wissen. Reine Achtsamkeit ist aufgestiegen, wenn es nur die Tat gibt, aber keinen Täter. Mit geteilter Aufmerksamkeit erleben wir beides, denjenigen der achtsam ist und denjenigen, der das beobachtet. Wenn wir unsere Achtsamkeit präzise anwenden, erkennen wir, wenn auch nur für einen Augenblick, daß keine Persönlichkeit in unseren Körper-Geist-Prozeß eingebettet ist. Dieses Erlebnis werden wir niemals vergessen.

Erstens das Aufgeben der Suche nach Selbstbestätigung, zweitens präzise Achtsamkeit in allen Einzelheiten und drittens Konzentration, sind unsere Mittel, um an das Ich-Wurzelsystem heranzukommen. Es kann keine Person getrennt von der Konzentration geben, so daß wir alle Gedanken und Anliegen fallenlassen müssen, wenn wir richtig meditieren wollen. Dann werden wir Momente erleben, wo niemand da ist. Wenn wir ein solches Erleben haben, das nicht nur eine Verbalisation des Geistes ist, muß es notgedrungen unsere Reaktionen auf alles, was uns berührt, verändern. Je öfter wir dieses Erleben wiederholen können, desto mehr Auswirkungen wird es auf unser Selbst-Konzept haben.

Unser nächstes Werkzeug können unsere Sinneskontakte sein, die während der Zeit des Wachseins unaufhörlich auf uns eindringen. Unsere Aufmerksamkeit geht unweigerlich zu dem stärksten Eindruck. In diesem Augenblick mag der Gedankenvorgang der stärkste Kontakt sein. Wenn wir nur sitzen, kann es der Berührungskontakt sein. Wir können wohl ermessen, daß wir von den Sinneseindrücken ständig bombardiert werden und daß wir sie "die Welt" nennen; nichts anderes ist zu finden. Selbst auf einer kleinen Insel in einem See, wo rundherum niemand ist, mangelt es an Frieden, weil die Sinne im Geist Aufruhr und Anhaften verursachen.

"Anhaften" bedeutet, daß wir nicht weiterkommen. Wenn wir gern in der Küche sitzen und uns auf dem Küchentisch aufstützen wollen, müssen wir dort bleiben, bis wir loslassen können. Alles, woran wir festhalten, hindert uns am Weitergehen. Intellektuell gesehen möchten wir gerne frei von allem *dukkha* sein, unsere Zuneigungen und Abneigungen sind uns jedoch im Wege. Es ist wie ein unentschiedenes Tauziehen in uns, das uns immer wieder Leid bringt.

Spirituelle Praxis kann Augenblicke des Friedens und der Freiheit bringen, selbst wenn wir unser Anhaften noch gar nicht aufgegeben haben, aber sie kann uns auch Frustration bringen. Wir schwanken zwischen dem, was wir begehren und dem, was wir tun sollten. Manchmal sind wir recht stolz auf uns und bisweilen haben wir Schuldgefühle. Nichts davon bringt uns der Wirklichkeit des Seins näher.

Das genaue Erforschen der Fragen: "Wer erkennt? Wer weiß?" kann neue Einsicht in unsere Reaktionen auf den ständigen Strom der Eindrücke durch die Sinnestüren bringen.

Wenn wir uns bewußt werden, daß unsere Sinneskontakte eine wirkliche Last für uns sind, dann kommt eine Ernüchterung gegenüber den weltlichen Annehmlichkeiten in uns auf. Warum müssen wir uns denn mit dem belasten, was wir sehen, hören und denken? Mit dieser Erkenntnis lockern wir die Fesseln, die uns an die falsche Ansicht vom "Selbst" binden.

Wenn wir diese verschiedenen Methoden anwenden, um unsere voreingenommenen Ideen von dem, wer wir sind, loszulassen, sehen wir allmählich eine andere, zugrundeliegende Wirklichkeit.

Die Welt sind unsere Sinneskontakte, die das Begehren nach Vergnügen und Bequemlichkeit auslösen. Lohnt es sich, damit weiterzumachen oder wäre es besser, dieses Anliegen fallenzulassen? Das ist eine Entscheidung, die wir mit Kopf und Herz machen müssen, wenn wir erkennen, daß unsere Rastlosigkeit durch die Sinne entsteht, die ständig nach Befriedigung verlangen. Weil keine vollkommene Befriedigung und auch kein Selbst gefunden werden können, gehen wir bei der Suche nach ihnen in die verkehrte Richtung. Aber wir können in Ruhe und Frieden leben, wenn wir unser gewohnheitsmäßiges Streben loslassen und unsere Energie anders einsetzen. Wir können mit scharfer Achtsamkeit feststellen, was diese Sinneskontakte wirklich bedeuten, können unsere Suche nach Glück fallenlassen, unsere Reaktionen erforschen und uns in der Meditation konzentrieren. All' diese Schritte zusammen werden uns zu den Wurzeln des "Ich"-Seins führen, so daß wir anfangen können, sie auszugraben.

Wenn wir die Art, wie wir uns selbst anschauen, verändern, wird sich alles andere danach ausrichten. Ein vollkommen neues Bild entsteht, wie in einem Kaleidoskop, das einmal herumgedreht wurde. Dies ist ein Experiment, das sich lohnt auszuprobieren.

XI
Zwölf Bedingungen, die zu Nibbāna führen

Die *Mahā-Assapura-Sutta* (Lehrrede Nr. 39 aus der *Majjhima Nikāya*, der Mittleren Sammlung) handelt von einer exakten Vorgehensweise, die uns zu *Nibbāna* führen kann. Jeder Schritt auf dem Weg bringt mehr Unbeschwertheit, mehr Verstehen und die Fähigkeit, klarer zu erkennen. Durch unsere Blockaden in Herz und Geist wissen wir nicht, was im Leben wichtig und was nebensächlich ist. Je mehr Hindernisse und je weniger Geistestraining wir haben, desto schwerwiegender betrifft uns das. Das Trainieren des Geistes ist der einzige Weg heraus.

Die Vorgehensweise, die uns der Buddha empfiehlt, beginnt mit Scham und Furcht (*hiri-ottappa*), den Hütern der Welt. Ohne diese Hüter würden Welt und Menschheit, so wie wir sie kennen, zusammenbrechen. Wenn wir uns nicht schämen würden, uns schlecht zu benehmen, wenn wir nicht Angst hätten, von unseren Mitmenschen getadelt zu werden, dann würde Chaos herrschen. Wir würden in Anarchie leben. Die Tatsache, daß alle Gesellschaften eine Polizei brauchen, zeigt, daß Scham und Furcht nicht immer funktionieren. Die Grausamkeiten, die zum Beispiel in Deutschland unter Hitler begangen wurden, waren das Ergebnis von einem Mangel an Scham und Furcht.

Wenn Scham und Furcht nicht vorhanden sind, erleben wir den Zusammenbruch von menschlichen Beziehungen. Wenn sie nicht als "Hüter" auftreten, setzen sich negative Emotionen durch. Wenn wir nicht Haß, Ekel, Ablehnung, Widerstand, Sorgen, Furcht, Eifersucht und Stolz unterworfen wären, dann könnte es niemals einen Zusammenbruch zwischenmenschlicher Beziehungen geben. Wir würden uns immer für das Unreine im Inneren schämen und unser Gewissen und die Furcht vor falschem Handeln, würden uns jederzeit vor dem Schlechten bewahren.

Wir haben alle ein Gewissen. Aber beachten wir immer seine Warnungen?

Jiminy Cricket hat immer gesungen: "Laß' Dich von Deinem Gewissen leiten;" ein einwandfreier Ratschlag, dem wir folgen müßten. Wir dürfen nicht erlauben, daß dieser Berater von Begehren überschattet und außer Kraft gesetzt wird, denn so gehen unsere persönlichen Beziehungen auseinander und unser Leben wird schwierig. Gefahren entstehen immer dann, wenn unsere innere Stimme zum Schweigen gebracht wird, weil wir etwas haben wollen; sei es Anerkennung, Lob, Bestätigung, Gerechtigkeit oder selbst eine gute Meditation.

Der ganze Handlungsablauf, den der Buddha erklärt hat, ist auf Innenschau gegründet. Dafür muß ständig Achtsamkeit da sein, nicht nur hin und wieder. Wie könnten wir sonst in Kontakt mit unserem Gewissen bleiben? Wie könnten wir sonst wissen, ob es etwas gäbe, für das wir uns schämen sollten?

Der Buddha sagte: "Man sollte sich so sehr davor fürchten, eine Tugendregel zu brechen oder sonst falsch zu handeln, als ob man schon mit einem Fuß in der Hölle stehen würde." Das ist die Furcht, die uns auf dem Edlen Pfad hält; die Furcht, etwas Falsches zu tun.

Die Läuterung von körperlichem, sprachlichem und geistigem Benehmen sind die nächsten drei Schritte: Wenn wir uns nicht jeden Tag in einem dieser Bereiche etwas geläutert haben, haben wir den Tag vergeudet. Wie schade! Dieser Tag kann niemals wiederholt werden, er ist für immer vorbei. Wir können jeden Tag für etwas Wertvolles benutzen, wenn wir mit Bewußtheit leben. Der Buddha beschrieb diesen Schritt damit, ehrlich, wahrheitsgetreu und offen mit sich selbst zu sein. Wir können lernen, uns so zu sehen, wie wir wirklich sind.

Sind wir klar bewußt, hält uns das auch von automatischen Reaktionen und mechanischem, instinktivem Benehmen zurück. Zu oft führen uns unsere Gewohnheiten, da sie so häufig unachtsam sind, zu Unheilsamem durch Körper, Sprache und Gedanken. Unser Training besteht darin, nicht länger für uns selbst mehr bekommen und haben zu wollen. Stattdessen überprüfen wir, was wir denken, sagen und tun und merken dabei, ob wir wahrhaft hilfreich, liebend und fürsorglich sind. Wenn wir es nicht sind, dann können wir uns darin üben, unser Verhalten zu ändern. Während wir diese drei Türen - Gedanken, Sprache und Handlung - untersuchen, sie läutern und in Schranken halten, lernen wir nicht nur, die Wahrheit über uns selbst kennen, sondern wir können auch anderen auf diese Art begegnen.

Der Rechte Lebensunterhalt ist die fünfte Läuterung. Wir müssen für unsere Bedürfnisse sorgen, aber nicht durch die Beeinträchtigung anderer oder indem wir etwas fordern, sondern indem wir unsere Fähigkeiten und unsere Zeit anbieten. Auf einer Ebene kann der Lebensunterhalt nur als Geldverdienen betrachtet werden, aber gemeint ist damit auch, seinen Beruf als einen Teil der spirituellen Praxis zu verwenden.

Bei der rechten Art des Lebensunterhalts, der geläutert, gemäßigt, ehrlich und offen ist, hat die Großzügigkeit absoluten Vorrang. Das Gegenteil von Großzügigkeit ist Gier, also alles für sich selbst behalten zu wollen, und das bedeutet Egozentrik.

Auf der relativen Ebene glauben wir, daß wir etwas für schlechte Zeiten zurücklegen müssen. Wenn wir uns darum nicht kümmern, fühlen wir uns ganz unsicher. Aber auf der absoluten Ebene gibt es niemanden, um den wir uns sorgen müßten. Der gewöhnliche Mensch, der auf weltliche Art denkt, kann nicht auf beiden Ebenen wirken. Es ist, als ob man zwei Eisenbahngleise hätte; wenn wir auf dem einen reisen, können wir nicht auch auf dem anderen sein. Wir brauchen eine Weiche, um die Verbindung mit dem anderen "Gleis" herzustellen. Aber durch Einsicht und Läuterung können wir beide "Gleise" erkennen.

Der nächste Schritt im Verlauf der Läuterung, die zu *Nibbāna* führt, ist das Mäßigen und Beschützen der Sinneseindrücke. "Die geläuterte *Sangha* mit beruhigten Sinnen, frei von allen geistigen Makeln ist der Gaben wirklich würdig."

So lautet die Ehrerbietung für die Jünger des Buddha.

Wie können wir die Sinne beschützen? Der Buddha sagte: "Die Sinne sind so zu beschützen, daß keine Gedanken aufsteigen, die uns zum Schlechten und Unheilsamen verleiten können." Das bedeutet, wenn wir etwas Schönes sehen, so begehren wir es nicht. Sobald wir das haben wollen, was wir sehen, ist diese Runde verloren. Oder wir hören etwas, was nicht mit dem übereinstimmt, was wir denken und wir haben eine Haßreaktion. Da hätten wir eine weitere Runde verloren!

Beschützen wir unsere Sinne, so beschützen wir unseren Geist.Wir lassen ihn nicht einfach denken, was er will und unkontrolliert in die Weite schweifen, sondern leiten ihn dazu an, daß er nur Heilsames, Hilfreiches und Reines denkt. Wir müssen so weit kommen, daß wir, wenn wir etwas denken, was nicht vollkommen rein ist, so ein ungutes Gefühl bekommen, daß wir das Unheilsame schnellstens fallenlassen, als ob es uns verbrennen würde. Dieses ungute Gefühl muß unser Anhaltspunkt sein. Solange wir kein Gefühl vollkommenen Gleichmuts, totalen Friedens, von Erleichterung und Liebe verspüren, ist etwas mit unserem Gedankengang nicht in Ordnung. Entweder ist dann Gier (Wollen) oder Haß (Ablehnung) hochgekommen.

Es ist sehr leicht, dies in uns zu erkennen, wenn wir bewußt und hellwach sind; wenn wir z. B. rationalisieren: "Ja, aber in dem Fall kann ich es nicht," oder:"In diesem Fall ist es sinnlos," oder: "In jenem Fall ist es aber notwendig." Selbst wenn es sich glaubwürdig anhört, das innere Gefühl wird dadurch um nichts besser. Nur wenn wir uns wirklich unbeschwert und friedlich fühlen, hat der Geist sich richtig benommen. Wir müssen den Geist beim Sehen, Hören, Schmecken, Riechen und Berühren beobachten und beschützen. Beschützen bedeutet, daß wir ihn nicht hinter angenehmen Sinneseindrücken herlaufen oder unangenehme Situationen ablehnen lassen, sondern ihn einfach da sein lassen.

Die Welt ist voll angenehmer und unangenehmer Sinneseindrücke. Wir können nicht alle angenehmen haben, wir können uns nicht gegen alle unangenehmen sträuben. Die Welt werden wir wohl auch nicht ändern. Nichts Äußeres wird sich verwandeln; alles wird genauso weitergehen wie bisher. Nämlich von "angenehm" zu "unangenehm" und wieder zurück zum Angenehmen; auf und ab, vor und zurück, wie auf einer Wippe. Manchmal sind wir oben, ein anderes Mal wieder unten. Wenn wir unsere Sinne nicht beschützen, werden wir weiterhin den Objekten unseres Sinnesbewußtseins, die unser Geist beurteilt, den größten Wert beimessen. Wir werden daher immer wieder die äußeren Bedingungen beschuldigen, die in uns Reaktionen auslösen. Wir könnten ein Plakat

über unser Bett hängen:
"Nicht den Auslöser beschuldigen!" Wenn wir damit nicht anfangen, dann ist kein Ende abzusehen. Wir müssen einmal beginnen. Wenn wir uns selbst nicht in den Griff bekommen, gibt es kein spirituelles Leben. Es hat keinen Sinn zu meditieren, wenn wir nicht gleichzeitig Herz und Geist läutern.

Beschuldigt nicht den Auslöser! Es gibt nichts zu beschuldigen, alles geschieht im Inneren. Scham, Gewissen, geistige, sprachliche und körperliche Handlungen, Sinnes- vermögen haben nichts mit äußeren Ereignissen zu tun. Es kommt nicht darauf an, mit wem wir reden, oder mit wem wir leben, was wir wissen und was in der Welt geschieht. Sie haben nur mit uns selbst zu tun. Wenn wir nicht anfangen, ernsthaft zu praktizieren, gibt es keinen Edlen Pfad.

Unsere Sinneskontakte veranlassen uns zum Reagieren. Diese Reaktionsmaschine, die wir sind, ist interessant, sogar faszinierend. Jemand sagt etwas, was wir gern haben und es fühlt sich gut an. Dann sagt jemand etwas, was wir ablehnen und schon fangen die Negativitäten im Geist an und es geht wieder bergab. Wir glauben, daß es an dem anderen liegt. Auf der Welt gibt es fünf Milliarden Menschen, die sich alle nicht darum kümmern, wie wir reagieren. Nur wir selbst sind daran interessiert. Wir sind der einzige Mensch, dem es irgend etwas bedeutet. Ehrlich und offen zu uns selbst sein, ist Innenschau. Solange die Wahrheit über uns selbst noch verschleiert bleibt, ist der Weg zur Befreiung, zu *Nibbāna*, nicht offen.

Beschützen wir die Sinne, so führt das zu einer Verkleinerung des Begehrens. Wir wollen dann nicht mehr so viel und was wir nicht haben, ist nicht so wichtig, weil die Sinne nicht ständig Kontakt herstellen. Wenn wir an einer Schaufensterpassage mit den wunderbarsten Waren darin entlanggehen und das Auge zu allen angebotenen Dingen Verbindung herstellt, dann wird der Geist natürlich sagen: "Das würde sehr praktisch sein, das sieht schön aus, es ist billig. Ich glaube, ich werde ein paar davon kaufen." Gehen wir aber dieselbe Straße entlang und beachten die Schaufenster nicht, würde der Geist nicht zum "Haben-Wollen" verleitet.

Der nächste Schritt der Läuterung ist Mäßigung beim Essen; dies wird vom Buddha als Gegenmittel für zwei unserer Hindernisse erwähnt, einmal für sinnliches Begehren und einmal für Trägheit und Müdigkeit. Das heißt nicht, daß wir gar nichts essen, sondern wir wissen, wieviel wir brauchen und nehmen nicht mehr als das zu uns. Essen ist ein Begehren, das alle Lebewesen haben und das in den meisten Fällen leicht befriedigt werden kann, weil Nahrung vorhanden ist. Wenn wir uns beim Essen nicht gehenlassen, dann haben wir schon gelernt, einen unserer Sinne zu beschützen.

Der nächste Schritt auf diesem Weg ist Achtsamkeit; Achtsamkeit in jeder Lebenslage. Als erstes erwähnt der Buddha, in diesem Zusammenhang, Wachsamkeit, daß es genüge zwei Stunden nachts zu schlafen. Natürlich nicht zu Zeiten, in denen es nicht ratsam wäre, sondern wenn die Bedingungen dazu auch gegeben sind. Zwei Stunden Schlaf in der Nacht und achtsam und voll bewußt den ganzen Tag, wenn wir das vollkommen perfekt praktizieren würden, sagte der Buddha, könnten wir in sieben Tagen erleuchtet werden. Er sprach dabei von totaler Achtsamkeit, aber selbst etwas Aufmerken bringt schon Resultate. Achtsam und bewußt zu sein, ist die einzige Art, wie wir in Kontakt mit unserem Innenleben kommen können. Wenn wir keine Achtsamkeit walten lassen, sind wir nicht in der Lage, der Stimme unseres Gewissens zu lauschen oder unsere Sinne zu beschützen.

Achtsamkeit ist der einzige Geistesfaktor, der es uns ermöglicht, unsere Reaktionen zu erkennen. Ohne Achtsamkeit können wir nicht praktizieren, was bedeuten würde, daß wir so bleiben, wie wir immer waren. Wenn wir damit zufrieden gewesen wären, würden wir sicher nicht meditieren und das hören wollen. So steht es wohl von vorneherein fest, daß wir eine Veränderung anstreben. Dies ist auch ratsam, denn sonst könnten wir der Selbstzufriedenheit anheim fallen.

Selbstzufriedenheit ist eines der größten Hindernisse in allen wohlhabenden Gesellschaften. Selbstzufriedene Menschen würden sagen: "Ich brauche keine Meditation, ich bin vollkommen glücklich. Du mußt wohl sehr unglücklich sein, wenn Du meditieren willst. Alles, was ich mache, ist in Ordnung." Das ist ein unbewußter, unwacher Zustand, ohne Achtsamkeit. Praktizieren wir Achtsamkeit, so können wir erkennen, was in uns geschieht; wir sind zu uns selbst erwacht. Ist es von irgend einer Wichtigkeit, ob ein anderer meditieren kann? Spielt es eine Rolle, ob jemand anders glücklich ist? Macht es etwas aus, ob irgendwer erleuchtet sein wird? Oder geht es darum, ob wir selbst meditieren können, ob wir glücklich und auf dem richtigen Pfad sind?

Bewußt und wach werden, - alles andere ist nur wieder ein Film, der abläuft. Anstatt ins Kino zu gehen oder den Fernseher einzuschalten, produzieren wir unsere eigenen Filme, das ist alles. Sie sind nicht einmal sehr unterhaltsam, sondern häufig deprimierend. Sie bringen uns Gefühle, die aber nicht lange anhalten.

Achtsamkeit und volle Bewußtheit, über die der Buddha spricht, beziehen sich auf das tägliche Leben, genauso wie auf die Meditation. Alle bisher erwähnten Schritte haben mit unseren tagtäglichen Aktivitäten zu tun, dem Leben von Augenblick zu Augenblick. Meditation ist natürlich absolut notwendig, aber diese Schritte müssen ihr vorausgehen. Die

Meditation wird keinen Erfolg haben, wenn nicht zuerst diese Anstrengungen gemacht worden sind.

Bewußtheit verbunden mit Achtsamkeit macht es möglich, daß wir in uns selbst Einblick bekommen und die Hindernisse, Blockierungen und Unreinheiten erkennen. Es ist einer der brauchbarsten und faszinierendsten Aspekte der Lehre des Buddha, daß sie uns eine genaue Beschreibung gibt, wie wir von dort, wo wir sind, dahin kommen, wo wir sein wollen. Es ist eine exakte Landkarte, aber wir können nicht nur mit dem Finger auf der Landkarte reisen. Solche Reisenden gibt es viele auf der Welt. Menschen sitzen zu Hause und studieren Karten, anstatt auf Reisen zu gehen. Dasselbe wird häufig mit der Lehre des Buddha gemacht. Die präzise Landkarte steht zu unserer Verfügung und ist mit genauen Meilensteinen versehen, so daß wir immer wissen, wo wir gerade sind und den nächsten Schritt erkennen können.

Nachdem wir Achtsamkeit in unser tägliches Leben integriert haben, setzen wir uns mit gekreuzten Beinen und aufrechtem Oberkörper nieder und behalten die Achtsamkeit bei. Wir sind im Moment nicht mit den meditativen Vertiefungen oder der Atembetrachtung beschäftigt, sondern vielmehr damit, bei der Meditation achtsam und vollkommen aufmerksam unsere Hindernisse zu erkennen. Das Bewußtwerden der Hindernisse bei der Meditation und sie als Meditationsobjekt zu benutzen, ist ein interessanter Vorgang, den der Buddha häufig erwähnt hat.

Der Buddha spricht vom Einsetzen der Achtsamkeit, so daß wir erkennen, wenn etwas Unheilsames in uns aufsteigt. Er spricht vom Etikettieren, so daß wir klar wissen, was in uns geschieht. Wenn wir nicht wissen, um was es sich wirklich handelt, wie werden wir es ändern können? Wenn wir dem Gefühl oder dem Gedanken einen Namen geben, werden sie greifbarer für uns. Stellt Euch einen Menschen vor, dessen Namen wir nicht kennen. Es würde schwierig sein, mit diesem Menschen vertraut zu werden. Die Person ist nicht wirklich greifbar für uns. Ohne einen Namen wissen wir nicht recht, wer dieser Mensch eigentlich ist. Er bleibt uns ein Fremder. Aber wenn wir wenigstens dem, was uns berührt, einen Namen geben können, haben wir eine engere Verbindung dazu. Unsere Schwierigkeiten sollten uns wenigstens vertraut sein. Sind sie es nicht, wie sollten wir etwas mit ihnen anfangen können? Das Benennen ist ein Schritt in die rechte Richtung.

Es gibt fünf Hindernisse, die die Überschriften für jegliche Unstimmigkeiten aller Menschen sind. Es sind niemals nur persönliche Schwierigkeiten, sondern immer universelle. Solange wir diese Universalität von allem noch nicht erkennen, wird das Leben oft bedrückend für uns sein. Entweder heißt es "armes, kleines Ich" oder "wunderbares Ich" oder "ich bin sicher besser als Du" oder "ich bin doch schlechter als Du" - alle diese "Ich"-bezogenen Gespräche. Es ist nicht hilfreich, über uns selbst auf diese Art und Weise nachzudenken. Stattdessen sollten wir lieber das, was tatsächlich in uns aufsteigt, benennen. Wenn nichts hochkommt, bedeutet es, daß wir schlafen. Das muß nicht unbedingt körperlicher Schlaf sein, sondern es kann be- deuten, daß unser Bewußtwerden noch nicht begonnen hat.

Die fünf Hindernisse sind sinnliches Begehren, Böswilligkeit, Trägheit und Lässigkeit, Rastlosigkeit und Sorgen und skeptischer Zweifel. Sie sind wie Granitblöcke, die in Herz und Geist sitzen und den Weg blockieren. Den Weg wohin? Nun, hauptsächlich den Weg zum Glück. Sie versperren uns den Weg und machen es uns unmöglich vorbeizukommen. Sie halten uns auf und wir können sie nicht wegschieben, weil sie viel zu schwer sind. Wir können lernen, sie als das zu erkennen, was sie sind und sie zu ersetzen.

Es gibt Heilmittel, die der Buddha dagegen verschrieben hat. Das eine, das für alle fünf zutrifft, heißt "edle Freunde und edle Unterhaltungen". Allein sind wir nicht stark genug, um allen Versuchungen zu widerstehen.

In Amerika sagt man: "Wenn Du so schlau bist, warum bist Du dann nicht reich?" Wenn wir nur auf uns selbst gestellt den ganzen Läuterungsweg gehen könnten, warum haben wir es dann bisher nicht gemacht? Was hindert uns? Unsere Blindheit hindert uns. Edle Freunde und edle Unterhaltungen können uns also auf diesem Weg behilflich sein und ohne irgendeine Hilfe kann ein Mensch selten den Pfad verwirklichen. Es gab so einen Menschen, und das war der Buddha. Er wurde ein "Selbst-Erleuchteter". Er ging zu Lehrern, um Meditation zu lernen, aber wie wir das Leid endgültig loswerden können, das fand er selbst heraus. Es gibt gelegentlich Weise, die den Weg allein finden können. Es ist jedoch höchst unwahrscheinlich, daß wir einer von ihnen sein sollten.

Edle Freunde sind solche, die uns auf unsere Fehler aufmerksam machen, statt mitleidig auf unsere Schwierigkeiten einzugehen und uns darin zu bestärken, daß die Welt uns schlecht behandelt hat. Die Welt behandelt jeden schlecht, der negativ auf sie reagiert. Ein edler Freund ist ein Mensch, der uns hilft, das, was in uns vorgeht, zu erkennen. Eine edle Unterhaltung ist ein gespräch. Das Wort bedeutet die Lehre des Buddha, es bedeutet das Naturgesetz, es bedeutet Wahrheit.

Trägheit und Lässigkeit rauben uns die Energie, besonders dann, wenn es darauf ankommt. Abends, wenn es Schlafenszeit ist, ist es natürlich in Ordnung, sich hinzulegen. Aber am

Tag ist das eine andere Sache. Der Buddha verglich dieses Hindernis mit einem Gefängnis. Niemand ist gerne im Gefängnis - gefangen gehalten von dem eigenen Mangel an Energie. Wenn wir sinnliches Verlangen haben, wenn die Welt mit ihren mannigfaltigen Verlockungen winkt, können sie alle mit nur einem Namen bezeichnet werden, nämlich mit *Māra*, dem Versucher. Wenn wir dann an die Wahrheit des *Dhamma* erinnert werden, können wir unseren Halt wiederfinden. Wenn uns keiner erinnert, müssen wir uns selbst helfen. Es ist zu einfach, in *Māras* Falle zu gehen. Die Versuchungen hören bis zum Augenblick der Erleuchtung nicht auf. Der Buddha war noch kurz vor seiner Erleuchtung der Verlockung ausgesetzt. Wenn ihm das passierte, was ist dann erst mit uns?

Unsere Situation ist so, daß ständig Versuchung da ist. Es muß sich nicht unbedingt darum handeln, daß wir verreisen, schwimmen, surfen oder skifahren wollen oder was immer uns sonst noch anzieht. Vielleicht wollen wir nur plaudern. Leeres Geschwätz ist aber einer der Aspekte der vierten Tugendregel "Rechte Rede" und wird als falsche Rede betrachtet, zu der uns die Welt mit ihrem Glitzern verführt. Edle Unterhaltung ist das *Dhamma*.

Es gibt überall Versuchungen und wenn wir sie als solche erkennen, können wir etwas unternehmen. Erkennen wir sie nicht, sind wir natürlich eingefangen. Es gibt keinen damit verbundenen Tadel, es geht einfach nur um das Erkennen. Wenn wir sinnliches Verlangen haben, ist es nicht immer so einfach, dies festzustellen. Es muß sich nicht unbedingt darum handeln, daß wir Schokolade wollen. Vielleicht mögen wir gar keine Schokolade. Aber unsere sinnlichen Begehren gehen in viele andere Richtungen und wir müssen aufpassen und uns bewußt sein, daß uns jedes Begehren *dukkha* bringt, wie ein Haken, mit dem wir uns an das *dukkha* anhängen. Selbst wenn wir die gesuchte Befriedigung bekommen, selbst dann ist es *dukkha*, weil die Befriedigung nicht andauern kann.

Dieses Aufpassen und Erkennen kann während des Meditationsvorganges geschehen, wenn wir uns hinsetzen und die Achtsamkeit aufkommen lassen. Wenn der Buddha diese Worte gebrauchte, meinte er damit, daß wir uns der Hindernisse vollkommen bewußt werden und sie loslassen können, um wirklich zu meditieren. Dem Denkvorgang während der Meditation nachzugehen, bedeutet daß sinnliches Begehren aufgestiegen ist. Es ist angenehmer und unterhaltsamer, den Geist umherwandern zu lassen als die Anstrengung zur Konzentration aufzubringen. Es ist aber nicht nur unterhaltsamer, es ist auch "Ich"-bestätigend. Solange wir denken, pflegen wir die Ich-Illusion. Wenn wir mit dem Denken aufhören, kann der Augenblick kommen, wo die "Ich"-Identifikation kurzfristig verloren geht. Im ersten Moment kann das ein Gefühl der Beunruhigung hervorrufen. Böswilligkeit kann beim Meditationsvorgang recht leicht erkannt werden. Vielleicht ist es Unwillen gegenüber den eigenen körperlichen Unannehmlichkeiten. Vielleicht ist es Unwillen über etwas, was jemand gesagt oder getan hat. Vielleicht ist es Unwillen über eine Gruppe von Menschen oder eine Situation in der Welt. Es kommt nicht darauf an, welche Art Unwillen es ist, Unwillen bleibt negativ und hat Haß, Abneigung und Mißtrauen als seine Komponente. Glücklicherweise fühlt es sich in unserem Herzen derart unangenehm an, daß wir es am leichtesten von allen Hindernissen loswerden können, weil wir die schädlichen Wirkungen erkennen und beseitigen wollen.

Sinnliches Verlangen, - wir könnten es auch Gier nennen - , verspricht immer, daß etwas Angenehmes gesehen wird, daß unsere Sinne Befriedigung finden werden. Daher fühlt es sich nicht so unangenehm an, sondern eher etwas erregend: "Werde ich es wohl bekommen, werde ich es dann auch behalten können?" Dieses Gefühl von Hoffnung und Erwartung ist gar nicht unangenehm und daher sehr schwer loszuwerden, aber auch schwierig zu bemerken, es ist auch schwer zu bemerken. Die meisten Menschen, die ja nicht meditieren, wissen nicht einmal, daß sie das Verlangen nach Sinnesbefriedigung haben. Es wird praktisch alles, was wir tun, durch sinnliches Verlangen ausgelöst. Nur diejenigen, die praktizieren und Achtsamkeit beim Meditieren ent - wickeln, können sich des ständigen Wunsches nach angenehmen körperlichen und emotionalen Gefühlen bewußt werden.

Es ist äußerst schwierig, die Blockade des sinnlichen Begehrens zu erkennen, weil es so natürlich erscheint. Die Entgegnung ist oft: "Was ist denn damit nicht in Ordnung? Sicherlich will ich keine unangenehmen Gefühle." Nein, natürlich nicht. Aber das Wollen ist das *dukkha* und das Wollen ist der Haken, mit dem wir eingefangen werden.

Die Böswilligkeit, der Ärger, der Haß fühlen sich sehr unangenehm an, sind daher aber auch leichter loszuwerden. Wenn wir diese Negativitäten in uns erkennen, werden wir sicherlich etwas dagegen unternehmen wollen, um uns ihrer zu entledigen, vor allem, wenn wir erkennen, daß wir nur uns selbst unglücklich machen. Das dürfte nicht schwer zu erkennen sein. Es ist leichter, mit einem gierigen Menschen zu leben, aber es ist schwieriger, die Gier loszulassen. So ein Mensch hängt sehr an dem, was er hat und was er will. Mit einem Haß-Charakter ist es viel schwieriger auszukommen, aber Haß ist leichter zu bearbeiten. Niemand hat gerne Haßgefühle in sich, daher werden diese leichter aufgegeben. Es gab einen großen Meditationsmeister in Thailand, der sagte: "Ich möchte nur "Haß"-Charaktere als Schüler. Sie sind viel leichter zu belehren. Sie begreifen oft sofort, um was es geht." Jeder, der Haß in sich hat, hat offensichtlich auch Gier in sich und umgekehrt. In diesem Zusammenhang soll nur erwähnt werden, was bei einem Menschen überwiegen kann.

Wenn wir beim Meditieren bewußt und wach sind und sorgfältig etikettieren, wissen wir, was aufsteigt: Wenn ich immer wieder nach angenehmen Gefühlen suche, dann ist das offensichtlich Gier. Wenn ich meine Sitzposition nicht gern habe, weil sie unbequem ist oder ich den Menschen nicht mag, der redet, dann ist das offensichtlich Haß. Es ist leicht zu erkennen, wenn wir wahrhaftig und ehrlich zu uns selbst sind. Es gibt niemand sonst, bei dem es so wichtig wäre, rückhaltlose Ehrlichkeit walten zu lassen. Ehrlichkeit mit und über uns selbst ist eine der zehn zu entwickelnden Tugenden: Wahrhaftigkeit (*sacca*).

Rastlosigkeit und Sorgen haben mit Vergangenheit und Zukunft zu tun. Wenn das Denken bei der Mediation aufsteigt, können wir erkennen, daß wir uns über die Zukunft Sorgen machen: "Werde ich genügend Geld haben? Werde ich gesund bleiben? Werde ich meine Angelegenheiten gut organisieren können?" Sorgen über die Zukunft sind absurd, weil diese Zukunft vielleicht nie zustande kommen wird. Wenn wir glauben, daß wir Geld oder andere Dinge brauchen werden, ist das vollkommen imaginär. Vielleicht erleben wir die Zukunft gar nicht. Außerdem ist der Mensch, der die Zukunft erleben kann, nicht derselbe, der sich darüber Sorgen macht, sondern ein ganz anderer. So können wir ruhig alles fallenlassen und vergessen. Wir sind von Sekunde zu Sekunde ein anderer Mensch.

Rastlosigkeit hat ihre Wurzeln in der Vergangenheit. Wenn wir etwas nicht erledigt haben, dann steigt ein Gefühl auf:

"Ich muß es jetzt tun oder es mag zu spät sein. Das Leben geht an mir vorbei." Die Angst, daß wir etwas verpassen, mag in der Meditation hochkommen. Wir sitzen, versuchen uns zu konzentrieren und der Geist wirft alle möglichen Ideen auf, was wir stattdessen alles tun könnten. Es ist kein Ende von den vielen Möglichkeiten abzusehen, die es da gibt. Der Geist kann auch nie zum Ende von Ideen und Gedanken kommen. Die Dinge, an die wir häufig denken, sind die Dinge, mit denen wir noch nicht fertiggworden sind. Es ist *Māra*, der sich dabei wieder bemerkbar macht. Rastlosigkeit kommt oft dadurch, weil wir glauben, daß die Sache, die wir noch nicht ausprobiert haben, unsere Schwierigkeiten lösen wird.

Rastlosigkeit und Sorgen sind beides Energieverschwender. Sie nehmen uns die Energie, die wir für die Meditation brauchen. Wenn wir unsere Energie an diese beiden Hindernisse verschwenden, tun wir uns selbst nichts Gutes. Rastlosigkeit und Sorgen sind nutzlos, sie bringen gar nichts. Stattdessen berauben sie uns der Möglichkeit, wirklich klar zu erkennen, denn wenn wir in Sorgen oder Rastlosigkeit untergehen, sind wir nicht in der Lage, in die Weite zu schauen.

Furcht wird nicht speziell erwähnt, denn sie besteht aus Haß und Böswilligkeit, Sorge und Rastlosigkeit und auch aus Begierde. Furcht vor anderen Menschen ist ein Mangel an Liebe. Angst vor der Zukunft ist ein Mangel an Selbstvertrauen. Angst davor, etwas nicht richtig zu handhaben oder nicht das zu bekommen, was wir wollen, ist mit sinnlichem Begehren verbunden. Es gibt so viele Ängste und sie sind alle auf der Angst, daß das Ich nicht unterstützt wird, aufgebaut.

Was gibt es von unserem guten Freund, dem skeptischen Zweifel zu berichten? Skeptischer Zweifel wird traditionell so erklärt: "War der Buddha wirklich erleuchtet? Ist das wirklich die höchste Wahrheit? Weiß die *Sangha* über die

Lehre Bescheid?" Dieser skeptische Zweifel hält uns vom Praktizieren ab. Der Buddha spricht oft davon, wie wichtig es sei, die Wahrheit zu hören und dann danach zu handeln. Wenn wir skeptisch sind, werden wir das, was wir hören, mit dem vergleichen wollen, was wir schon kennen. Was wir kennen, ist aber nicht auf der Ebene absoluter Wahrheit und so gibt es auch keinen möglichen Vergleich. Damit bauen wir uns eine Blockade auf und was wir hören, hilft uns nichts und was wir schon wissen, hilft uns auch nichts. Wir sitzen recht unbequem zwischen zwei Stühlen, zwischen der relativen, weltlichen Ebene und der absoluten Ebene.

Was wir im Zusammenhang mit dem hören, ist vollkommen verschieden von allem anderen. Dieselben Worte, dieselbe Sprache, die gleichen Vorstellungen bedeuten etwas ganz Neues. Was wir wissen, ist sowieso fragwürdig. Ein Vergleich zwischen Welt und kann nicht unternommen werden. Skeptischer Zweifel versucht, eine solche Beziehung herzustellen.

Skeptischer Zweifel bezieht sich auch auf unsere eigenen Unfähigkeiten. Werden wir je meditieren können, den spirituellen Pfad weiterverfolgen, wirklich loslassen können? All' das ist ein Mangel an Selbstvertrauen. Diese Art Zweifel kann dadurch überwunden werden, wenn wir merken, daß wir etwas tun können, was wir vorher nicht konnten. Wir können eine Meditationssitzung durchsitzen, wir können tatsächlich den Geist konzentrieren, wir können Übelwollen loslassen. Unser eigenes Erleben gibt uns Vertrauen.

Doch skeptischer Zweifel hinsichtlich der Lehre muß überwunden werden, weil die Lehre zu *Nibbāna* führt, was nie erlebt werden kann, wenn irgendein Zweifel besteht. Wir müssen Vertrauen in das Unbekannte haben. Das ist bei vielen weltlichen Dingen auch der Fall. Wir lernen z.B. schwimmen. Es ist uns gänzlich unbekannt, ob wir schwimmen können oder nicht. Viele kleine Kinder schreien aus Angst ganz gewaltig, viele aber nicht. Diese haben Vertrauen, daß der Lehrer, der es ihnen beibringt, zuverlässig ist und sie gehen einfach ins Wasser und versuchen es. Sie wissen zwar nicht, ob es funktionieren wird, aber sie sind diejenigen, die schwimmen lernen. Die am Ufer stehen und weinen, müssen wieder nach Hause gehen und werden dieses Mal nicht schwimmen lernen. Dieses bißchen Vertrauen muß vorhanden sein, um das Unbekannte auszuprobieren und zu sehen, ob wir tatsächlich dazu fähig sind. Wenn wir uns selbst nicht die Möglichkeit dazu verschaffen, werden wir nie herausfinden, ob etwas funktioniert. Das bedeutet, unsere eigenen Meinungen loszulassen, was die Wahrheit tatsächlich sei, worum sich das spirituelle Leben wirklich dreht, wie es gelebt werden sollte, wie spirituell engagierte Menschen aussehen und reden sollten usw.; das sind alles Meinungen, die Blockaden aufbauen, so daß uns nichts Neues berühren kann.

Der Buddha erwähnte in vielen seiner Lehrreden, daß die jhanas erhabene und wünschenswerte Bewußtseinszustände seien. Sie sind nicht das Ziel, sondern der Weg, um uns tiefe Einsicht zu ermöglichen. Einsicht bedeutet "erkanntes Erleben". Dazu ist es nötig, alles zu benennen, was in uns aufsteigt und klar zu sehen, daß überall eine Entstehungsursache und Verfall zu beobachten sind. Alles, was entsteht, muß auch vergehen. Die Gefahr darin können wir erkennen und auch die Befreiung: Wie ist es entstanden? Wie verschwindet es? Warum ist es gefährlich? Kann ich durch Loslassen entkommen? Dies sind Momente der Einsicht, die Ruhe bringen und Ruhe bringt Einsicht.

Der zur Ruhe gekommene Geist, der nicht von Haß oder Gier gestört wird, kann sich und die Welt neu und anders betrachten. Die Vertiefungen sind uns verschlossen, wenn Haß oder Gier anwesend sind. Zuerst müssen wir daher die Hindernisse zeitweilig fallenlassen, so daß die *jhānas* gefestigt werden können. Der Geist, der dazu in der Lage ist, wird eine vollkommen veränderte Innenschau haben. Er hat zu der Zeit nicht die Verfärbung des Ich, so daß eine andere Wahrheit zum Vorschein kommen kann.

Diese neue Sicht kann aber nur von einem Geist, der ruhig und freundlich ist, akzeptiert werden. Ein beunruhigter oder besorgter Geist kann die Wahrheit nicht in sich aufnehmen, weil es ihm wie Selbstvernichtung erscheint. Aber das ist es ganz und gar nicht, sondern es ist ein Loslassen der Ich-Illusion. Ein Geist hingegen, der noch nicht in der Lage war, innere Freude zu erlangen, kann nicht verkraften, daß "da niemand ist." Der Geist, der Ruhe und Freude hat, wird über diese Wahrheit beglückt sein, weil sie eine Last von seinen Schultern nimmt. Die Last verschwindet, denn wenn da niemand ist, wer kann da Schwierigkeiten haben, sich sorgen oder ängstigen?

Nur wenn das Selbst als das erkannt wird, was es ist - nämlich als eine Schöpfung des Begehrens - wird der Geist so "geschmeidig, lenkbar, stetig und unerschütterlich" werden, daß er alles Existierende umfassen kann. Er wird dann einen Geisteszustand erlangen, in dem Vergangenheit und Zukunft in der Gegenwart verschmelzen, wo das weit Entfernte und das Nahe ineinander übergehen und wo vollkommene Reinheit und Weisheit das Begehren und Werden auslöschen. Dann ist das spirituelle Leben zur Vollkommenheit gebracht worden.

Wenn unsere Vorstellungen stark genug sind und die Wirklichkeit damit nicht in Einklang steht, bricht die ganze Praxis zusammen. Warum? Weil wir mit dem Zwiespalt zwischen

Vorstellung und Wirklichkeit nicht fertig werden. Dies ist ein Denkvorgang, der eines Tages fallengelassen werden muß.

Nibbāna ist Leere. Leere wovon? Wir haben eine Lehrrede darüber gelesen; letztendlich Leere von allen Formationen. Warum bekommen wir keinen Einblick in diese Leere? Warum werfen wir den ganzen Zirkus, der im Geist herumspukt, nicht heraus und schauen, wie es dann ist? Es wird frei, unbeschwert und freudig; es gibt keine dicken Granitblöcke von Verlangen und Haß, Lässigkeit und Trägheit, Rastlosigkeit, Sorgen und Zweifel, nichts ist da - nur Freiheit.

Ein leerer Geist ist nicht ohne Klarheit und Erkennen. Ein leerer Geist ist einfach leer von seinen eigenen Vorstellungen und leer von Formationen. Wenn das Sehen nur Sehen, das Hören nur Hören und das Erkennen nur Erkennen ist, antwortet der Geist nicht. Dann wird Erleuchtung möglich. Wir können flüchtige Ahnungen davon bekommen; *Nibbāna* ist nicht Äonen weit weg. *Nibbāna* ist nur die fünf Hindernisse weit weg. Wenn wir sie benennen und kennen, bringt uns das einen Schritt näher zur Freiheit. Die Hindernisse werden alte Bekannte und wenn dann eines von ihnen wieder auftaucht, können wir es begrüßen: "Bist Du wieder da? Habe ich Dir nicht viele Male gesagt wegzubleiben?" Dann lächeln wir uns selbst an und denken: "Nun, da kam es also wieder. Und ich dachte, ich hätte das schon endgültig erledigt."

Wenn wir richtig mit ihnen vertraut sind, wissen wir genau, wie mit ihnen umzugehen ist. Manchen wollen wir entgehen; sie wollen alleingelassen werden. Mit anderen wollen wir nur zusammensitzen und uns ihren Kummer anhören. Manche mögen ein wenig Sympathie bekommen wollen, manchen müssen wir ihren Willen lassen. Wir wissen genau, wie ein jedes reagiert, weil wir mit ihnen recht intim sind. Diese Hindernisse müssen alte Bekannte werden. Wenn sie erscheinen, schenken wir ihnen, so oft wir können, ein Lächeln und sagen: "Ich kenne Dich sehr gut, doch ich dachte, Du wärst für eine Weile fort."

Machen wir das in der Meditation in der Reihenfolge wie es der Buddha beschrieben hat, wird der Augenblick kommen, wo die Hindernisse in der Meditation nicht mehr aufsteigen. Es bedeutet nicht, daß sie entwurzelt sind. Sie werden erst bei der vollen Erleuchtung durch absolute Einsicht entwurzelt. Doch sie steigen bei der Meditation nicht auf, weil sie erkannt worden sind und wir sie daher zeitweilig loslassen können. Dann wird es möglich, in die meditativen Vertiefungen (*jhānas*) zu gehen.

Immer wenn der Buddha von Konzentration spricht (*samādhi*), spricht er von den meditativen Vertiefungszuständen (*jhānas*). Der Buddha ging dabei nicht sehr in die Einzelheiten. Er zählte einige Besonderheiten auf, doch es ist nicht möglich, viele Erklärungen über geistige Zustände zu geben, die vollkommen von denen abweichen, die wir gewöhnlich haben. Unsere Sprache reicht einfach nicht aus; sie handelt eben vom alltäglichen Tun. Die *jhānas* sind aber keine alltäglichen Aktivitäten. Der Buddha benutzte gewöhnliche Alltagsworte zur Beschreibung der *jhānas*, die wir für alles andere auch gebrauchen, und so können sie nur eine annähernde Darstellung sein.

* * *

XII
Meditative Vertiefungen

Wenn wir in den Lehrreden des Buddha über die meditativen Vertiefungen (*jhāna*) lesen, so sind manche Formulierungen ungewöhnlich und lassen den Eindruck von übernatürlichen Leistungen entstehen. Es mag sinnvoll sein, dies etwas genauer zu untersuchen.

Welche Meditationsmethode wir auch benutzen, sie kann als Schlüssel bezeichnet werden. Nachdem wir diesem Schlüssel einige Zeit ungeteilte Aufmerksamkeit geschenkt haben, sind wir mit ihm vertraut. Dann können wir das Schlüsselloch finden, den Schlüssel hineinstecken und die Tür aufschließen. Haben wir das getan, brauchen wir den Schlüssel nicht mehr, weil die Tür nun offen ist. Wir können die Methode fallen lassen und die inneren Gemächer des eigenen Geistes voll Schönheit, Frieden und makelloser Reinheit betreten, wo wir eine andere Wirklichkeit kennenlernen.

Es ist daher unwesentlich, welche Meditationsmethode wir praktizieren, solange sie ein nützlicher Schlüssel ist. Der Atem ist jedoch von jeher das traditionelle und bevorzugte Objekt gewesen. Atem und Geist sind eng verbunden. Wenn der Geist still und friedlich wird, paßt sich der Atem an. Wenn der Atem ruhig wird, ist er so fein und subtil, daß er schwer zu finden ist. Meditierende bekommen dann manchmal Angst, daß sie ihren Atem und damit ihre Lebenskraft verlieren und beginnen, tiefer zu atmen. Es gibt keinen Grund zur Angst: Solange wir leben, atmen wir.

Wenn der Atem flach und still wird, steigt ein angenehmes Körpergefühl auf. Obwohl wir angenehme Körpergefühle aus dem täglichen Leben kennen, sind diese immer mit einer äußeren Ursache verbunden, die uns durch die Sinne erreicht hat. Sofern wir nicht meditieren, können wir uns gar nicht vorstellen, daß ein viel angenehmeres Gefühl im Körper möglich ist als das, was wir in der Welt je kennengelernt haben. Dieses Gefühl ist nicht von äußeren Bedingungen abhängig, nur von der inneren Bedingung der Konzentration. Das Gefühl kann bei verschiedenen Menschen unterschiedlich auftreten und mag auch in verschiedenen Meditationssitzungen in veränderter Form aufsteigen. In jedem Fall wird es immer viel angenehmer sein als alles, was wir bis dahin kennengelernt haben. Da dies nun das stärkste Erlebnis in unserem Geist ist, wird es unser Meditationsobjekt und wir lernen, es einige Zeit ununterbrochen beizubehalten. Zuerst erscheint es nur wie ein Aufblitzen, aber wenn wir mehr Übung bekommen, können wir darin, solange wir wollen, verweilen.

Warum sollte es wichtig sein, ein beseligendes Körpergefühl in der Meditation zu erleben und was können wir daraus lernen?

Erstens hat der Buddha gesagt, daß wir uns in Körper und Geist wohlfühlen müssen, um erfolgreich meditieren zu können. Zweitens wird uns die Unbeständigkeit dieses höchst angenehmen Gefühls zeigen, wie flüchtig alle unsere Vergnügungen sind und wird uns möglicherweise den Sinnesbefriedigungen gegenüber, die uns im Bereich von Geburt und Tod festhalten, leidenschaftsloser machen. Außerdem stellen unsere meditativen Vertiefungen eine Läuterungsmethode für unsere geistigen Hindernisse dar. Während wir in beseligende Gefühle vertieft sind, haben wir keine Negativitäten im Geist, so daß der Geist weniger Dunkelheit mit sich herumträgt, solange wir fortfahren zu üben. Auch in unserem täglichen Leben erkennen wir, daß die Schwierigkeiten, denen wir alle begegnen, als kleine Irritationen und nicht als große Tragödien betrachtet werden können, da wir nun einen geübten Geist haben, der in der Lage ist, auf Wunsch ein angenehmes Gefühl zu erlangen.

Am wichtigsten ist es vielleicht zu wissen, daß die meditativen Vertiefungen das notwendige Mittel sind, um unserem Geist durch seine Konzentrationsfähigkeit die Stärke und Kraft zu verleihen, die er benötigt, um die Illusion, in der wir leben, zu durchdringen und die absolute Wirklichkeit zu erkennen, die allem zu Grunde liegt.

Sind wir mit der Meditation einmal so weit gekommen, müssen wir rekapitulieren, was geschehen ist, seit wir uns auf das Kissen gesetzt haben. Solange wir nicht unseren persönlichen Zugang zu den Vertiefungen gefunden haben, wird es Glücksache bleiben, was uns möglicherweise frustriert oder unzufrieden werden läßt. Viele Einzelheiten können dazu beitragen, daß wir uns gut konzentrieren können und wir sollten in der Lage sein, die wichtigsten herauszufinden, so daß wir sie immer wieder nachvollziehen können, wenn wir meditieren.

Körperlich mag es davon abhängig sein, nicht zu "voll" zu sein, in einer bequemen Haltung zu sitzen und den Lärm von außen auf ein Minimum zu reduzieren. Geistig mag es davon abhängig sein, welche Eindrücke wir vor der Meditation hatten; daher ist es erforderlich, das Juwel unseres Geistes vor Negativitäten und Aufregungen durch Geschwätz und unpassende Unterhaltungen zu bewahren. Gefühlsmäßig mag es davon abhängig sein, zu Beginn der Meditation Liebende Güte für uns selbst, unsere Lehrer, unsere Lieben, unsere Freunde im Herzen zu empfinden oder mit Dankbarkeit und Hingabe für den Buddha und seine Lehre anzufangen.

Eine oder alle dieser Möglichkeiten müssen in Betracht gezogen werden und solche, die als hilfreich erkannt worden sind, sollten immer wieder benutzt werden oder auch andere, die wir selbst ausfindig gemacht haben. Haben wir unseren Zugang gefunden, werden wir die Fährte in den dunklen und verschlungenen Windungen unseres Geistes nicht mehr verlieren, sondern in der Lage sein, direkt in die verschiedenen Vertiefungsstufen hineinzukommen, die ein großer Schatz sind. Da jeder menschliche Geist dieselbe Struktur hat, nur durch unser unterschiedliches *Karma* differenziert, ist leicht einzusehen, daß jeder Geist den gleichen Weg zur Unendlichkeit und Reinheit gehen kann. Unser individueller Beitrag dabei werden die verschiedenen Einzelheiten sein, die jeder für sich zum Erreichen der Pforte braucht, wo wir dann den Schlüssel umdrehen und in die erleuchteten Gemächer unseres Geistes eintreten können. Von da an wird jeder Geist dieselben Erlebnisse haben.

Aber wie wir diese Erlebnisse verstehen und einschätzen, dafür sind wir wieder selbst verantwortlich und wieviel Einsicht wir durch sie erlangen, hängt ganz von unserem Urteilsvermögen und unserem Erkennen ab. Wenn wir zum Beispiel die Unbeständigkeit des entzückenden Gefühls bedauern, so sind wir zur Vergänglichkeit noch in keine wahre Beziehung getreten, sondern sehen sie nur als ein unseliges Vorkommnis an, das wir lieber vergessen würden. Das ist nicht Weisheit, sondern die Reaktion eines Weltlings, und in diesem Fall würde die meditative Vertiefung nicht zur Einsicht führen. Ruhe und Stille sind die notwendigen und besten Mittel, um intuitive Weisheit zu erlangen, die uns die Welt als eine Erscheinung ohne wesentliche Bedeutung zeigt. Nur dann können wir sie ohne Bedauern und Mißfallen hinter uns lassen.

Wenn wir Übung darin haben, jederzeit in die erste Stufe der meditativen Vertiefung zurückzukehren, nämlich zu dem Erleben des beseligenden Körpergefühls, werden wir uns der Tatsache bewußt, daß dies noch ein grober Zustand ist, da er vom Körper abhängig ist, mit dem wir uns nicht länger identifizieren können oder ihn zumindest nicht mehr so hoch einschätzen wie früher. Zu der Zeit können wir das körperliche Empfinden in den Hintergrund unserer Aufmerksamkeit treten lassen und uns hauptsächlich auf das emotionelle Gefühl dabei konzentrieren, welches zu der Zeit Freude und Glück ist. Haben wir ein beseligendes Körpergefühl erlebt, so kann die emotionelle Reaktion darauf nichts anderes als Freude sein. Sie wird dann das Hauptobjekt unserer Achtsamkeit, während das körperliche Entzücken schwach im Hintergrund bestehen bleibt.

Üben wir dies stetig weiter, so werden wir in diesem Freudegefühl so lange bleiben können, wie wir möchten. Durch diese Stufe der Meditation gewinnen wir viel Selbstvertrauen, da wir jetzt aus eigener Erfahrung wissen, daß unser Glück nicht von anderen Menschen oder Situationen, sondern nur von unserer eigenen Meditationspraxis abhängig ist. Dies gibt uns ein starkes Gefühl der Unabhängigkeit und Sicherheit, die in weltlichen Dingen nirgends gefunden werden kann. Wir können sagen, daß wir für unseren Geist ein Heim gefunden haben, wo wir jederzeit Zuflucht finden können und geschützt sind. Das wird natürlich unsere Einstellung der Welt und ihren Versuchungen gegenüber färben, genau wie die Vorstellung, die wir von uns selbst als Teil dieser weltlichen Existenz haben. Unser Verlangen nach dem Dasein mag auch schwächer werden, denn wie leuchtend und erhaben sich unser Geist auch während der Meditation fühlen mag, er fällt doch wieder in seinen verwirrten und reagierenden Zustand zurück, in dem wir uns dann wieder bedrückt fühlen mögen.

Die Schwierigkeit, der alle Meditierenden begegnen, ist diskursives Denken. Sogar wenn vertiefte Zustände schon erlebt wurden, liebt es der Geist, seine Spiele zu spielen. "Ich"-Bestätigung ist nur möglich, wenn wir denken und das ist der Luxus, den wir uns erlauben, wenn der Geist nicht diszipliniert genug ist, um konzentriert zu bleiben. Jeder hat mit dem Balanceakt zwischen Sich-Gehen-Lassen und Selbstdisziplin zu tun. Der Buddha nannte es den "Mittleren Weg" und jeder von uns muß selbst aufpassen, daß wir auf keiner Seite über Bord gehen.

Sind wir nun in der Lage gewesen, Freude in der Meditation zu erleben, wissen wir, daß sie subtiler und erfüllender ist als jeder andere Glückszustand, den wir je im täglichen Leben erfahren haben. Dennoch spüren wir, daß dies nicht ein so zartes und erhabenes Gefühl ist, wie es uns vorschwebt und wir lassen das Freudegefühl fallen, um Zufriedenheit zu erleben. Diese erscheint als ein weniger erregter, friedlicherer Geisteszustand ohne jegliches Verlangen. Es ist ein inneres Gefühl, das sich jeder wünscht, aber niemand außer einem Meditierenden erlangt.

Wir lernen nun, daß nur das Fehlen aller Wünsche Zufriedenheit bringen kann und nicht, wie wir bisher gedacht haben, die Erfüllung aller Wünsche. Dies ist eine der tiefgründigsten Lektionen, die wir lernen können und obwohl es sich sehr einfach anhört, beinhaltet es die Essenz der Wahrheit vom Leiden und ihres Erlöschens.

Im Folgenden finden wir treffende Gleichnisse für die fortschreitenden Stufen der meditativen Vertiefungen:

Ein Mensch ist ohne Wasser durch die Wüste gewandert, ist vollkommen ausgetrocknet und sucht dringend nach Abhilfe. Schließlich erblickt er in der Ferne einen Teich. Der Geist bemerkt angenehme Erregung, weil die Erleichterung so nahe ist. Dies beschreibt die erste Stufe der meditativen Vertiefungen, wobei angenehme Gefühle aufsteigen und freudige Erregung erlebt wird.

Dann begibt sich dieser durstige Mensch ganz nah zu dem Teich hin und steht direkt daneben. Freude entsteht, weil die gesuchte Erfüllung nahe ist, und der Geist ist von einem beschwingten Glücksgefühl erfüllt. Dies erklärt die zweite Stufe der Vertiefung, wenn das angenehme Körpergefühl in den Vordergrund gelangt, aber die Erregung noch nicht ganz abgeklungen, sondern nur abgeschwächt ist.

Nun trinkt die durstige Person, erlebt die erhoffte Erleichterung und ist ganz zufrieden, das Gewünschte erlangt zu haben, nämlich Wasser gegen den quälenden Durst. Dies erklärt die dritte Stufe der Vertiefung, wenn der Geist sich nach dem Erlangen der Zielvorstellung zufrieden fühlt und jegliches Verlangen verliert.

Nachdem der Durst gelöscht ist, legt sich dieser nun ganz zufriedene Mensch in den Schatten eines Baumes und erlebt den Frieden des Gestilltseins. Dies beschreibt die vierte Stufe der meditativen Vertiefungen, die in tiefere Bereiche des Geistes geht, wo vollkommener Frieden empfunden werden kann, da alles Verlangen gestillt ist und der Geist nichts mehr unternehmen muß.

Diese vierte Stufe der Vertiefung ist der subtilste meditative Zustand des feinkörperlichen Bereichs. Er wird so genannt, weil uns alle Aspekte dieser vier Vertiefungen aus dem körperlichen Bereich bekannt sind, aber viel feiner und befriedigender sind, wenn sie durch die meditative Konzentration entstehen. Wir sind nicht nur mit angenehmen Körpergefühlen, Freude und Zufriedenheit vertraut, sondern wir kennen auch Frieden; aber was wir im Alltäglichen erfahren, kann qualitativ nicht mit dem verglichen werden, was in der Meditation mit einem reinen und lichten Geist erlebbar ist. Nicht nur, daß unser Friedensgefühl unabhängig von äußeren Umständen ist, sondern wir sind auch in der Lage, uns jederzeit in diese Tiefen zu versenken.

Zu dieser vierten Stufe Zugang zu finden, ist etwas schwieriger als die vorhergehenden Schritte. Wenn wir angenehme Körpergefühle, Freude und Zufriedenheit erleben, sind wir noch immer im Bereich der Dualität. Es gibt nämlich das Erlebnis und den, der es erlebt, der "Ich" heißt und diese freudige Situation genießt. Um jedoch Frieden und vollkommenen Gleichmut erleben zu können, muß das "Ich" fast ganz verschwinden, und dieses Loslassen ist am Anfang durch unsere "Ich"-Bezogenheit erschwert. Meditierende spüren an diesem Punkt oft einen Widerstand, da die Angst, den "Überblick" zu verlieren, aufsteigt.

An dieser Stelle müssen wir uns vor Augen halten, daß wir niemals einen wirklichen "Überblick" gehabt haben. Wäre das der Fall gewesen, hätten wir wohl nie Unglücklichsein, Angst oder Sorgen zugelassen, sondern hätten unseren Geist immer so in Schach gehalten, daß er uns nur Glück verschafft hätte. Da dies aber wohl kaum zutrifft, können wir daraus folgern, daß wir nun zum ersten Mal die Kontrolle über den Geist erlernen. Diese Überlegung mag helfen, die Angst zu beschwichtigen.

Was in diesem Augenblick in der Meditation gebraucht wird, ist ein sanftes und weiches Sich-Hingeben, ein Nachgeben und ein Aufgeben aller Hoffnungen, Wünsche, Ideen und Pläne; ein Fallenlassen in die weiche und umfassende Ruhe des zeitweilig vollkommen reinen Geistes. Haben wir das getan, werden wir intuitiv erkennen, daß wir nur ohne das "Ich" vollkommenen Frieden erlangen können. Dies wird einen

Meditierenden fraglos ermutigen, weiter fleißig dem Ziel zuzustreben, da er ja schon das momentane Ergebnis unendlicher Hingabe kennengelernt hat.

Die Vertiefungen sind keineswegs übernatürliche Zustände, da alles, was unser Geist tun kann, natürlich sein muß. Aber noch wichtiger ist es, daß sich jedes Menschen Geist nach diesem Erleben von Freude und Frieden sehnt, ein natürliches Interesse daran und eine Vorliebe dafür hat. Dies macht ganz klar, daß es mit Übung und Anleitung für jeden möglich sein sollte, Zugang zu wahrer Meditation zu haben (*sammā-samādhi*).

Nachdem wir den Zugang zu den vier Stufen der feinkörperlichen Vertiefungen leicht finden und so lange darin verweilen können, wie wir wollen, sind wir nun fähig, die vier formlosen Vertiefungen zu praktizieren. Ihr Name deutet an, daß sie von feinerer Substanz sind, als das, was wir bis dahin erlebt haben und daß es sich um Geisteszustände handelt, die uns nicht einmal entfernt bekannt sind. Doch die Fähigkeit, in die ersten vier Stufen hineinzugehen und darin zu verweilen, läßt die folgenden Schritte zu einer ganz natürlichen Entwicklung werden.

Die fünfte Stufe der Vertiefung wird "Unendlicher Raum" genannt und das ist sicherlich kein gewöhnliches Erlebnis für uns. Doch ihr unergründlicher Name soll uns nicht davon abhalten, sie zu praktizieren und zu erleben.

Genauso wie die erste der feinkörperlichen Vertiefungen sich auf ein körperliches Gefühl bezog, ist es auch bei den formlosen Vertiefungen, nur auf einer verfeinerten Basis. Während die angenehmen Körpergefühle uns selbst als Mittelpunkt hatten, dreht sich der unendliche Raum um die Ganzheit und Unermeßlichkeit aller Erscheinungen. Für viele Meditierende fängt dies mit einem Gefühl der Erweiterung ihres eigenen Körpers an, so daß er schnell seine Umrisse verliert und es kein Gefühl eines individuellen Körpers mehr gibt. Es wird durch ein Gefühl von unendlicher Weite ersetzt, in der keine einzelnen Wesen existieren, am wenigsten wir selbst. Dieser Zustand beinhaltet auch vollkommene Ruhe, da niemand da ist, der irgendwelche Sorgen oder Ängste haben könnte.

Konnten wir in dieser Vertiefung verweilen, so läßt dies das klare Verständnis zurück, daß die Identität unseres individuellen Körpers eine Illusion ist, nur eine weltliche Zweckmäßigkeit, ohne Wahrheit dahinter. Von da an werden wir unseren Körper nie wieder mit derselben Vorstellung des Besitzens und der Identifikation betrachten wie bisher, sondern als das ansehen, was er ist, nämlich eine Manifestation unserer eigenen Begierde, die wir nicht aufrechtzuerhalten brauchen.

So wie der nächste Schritt bei den feinkörperlichen Vertiefungen den Geist betraf, so handelt sich die folgende Stufe der Meditation in den formlosen Bereichen um das Bewußtsein. Es beginnt mit dem Gefühl einer Ausdehnung unseres eigenen Geistes bis dieser die Grenzen des individuellen Bewußtseins sprengt und in der Unendlichkeit des Bewußtseins aufgeht. Natürlich beinhaltet dieser Zustand auch vollkommenen Frieden, weil es nichts und niemand gibt, der ihn stören könnte.

So wie die Raumunendlichkeit keinen Zweifel an dem Nichtvorhandensein einer individuellen körperlichen Identität läßt, so macht die Bewußtseinsunendlichkeit unserer Illusion von einem individuellen Geist ein Ende.

Es gibt Aussprüche von indischen Weisen, wie: "Ich bin das" oder "Alles ist ich" und wir haben vielleicht schon einmal gedacht, das wäre anmaßend. In Wirklichkeit ist es die Darstellung eines solchen Erlebens, wie hier beschrieben, das keinen Überrest individueller Existenz mehr zurückläßt, sondern ein Aufgehen in der Ganzheit, in "Allem" ist.

Dieser Schritt in der Meditation führt folgerichtig zum nächsten, der das "Nichtsheitgebiet" genannt wird. Zufriedenheit als dritter Schritt im feinkörperlichen Bereich ließ nichts zu wünschen übrig. Genauso finden wir in der Sphäre der Nichtsheit nichts Begehrenswertes. Dies geschieht durch die Erweiterung des Bewußtseins in die Ganzheit; wir bekommen ein Gefühl, daß nirgendwo etwas zu finden ist, das fest und unveränderlich ist, Sicherheit bietet oder einen Halt gibt, an den man sich lehnen oder auf den man sich stützen könnte. Alles ist im Fluß, das Universum inbegriffen. Dies sollte nicht dem Mißverständnis Platz machen, daß nichts existiert. Es gibt schon Manifestationen, aber sie haben keinen wesentlichen Wert an sich und sind in Wirklichkeit nur Energieteilchen, die auseinanderfallen und wieder zusammenkommen.

Nur das meditative Erleben eines erweiterten Bewußtseins kann uns die innere Schau dieser Wahrheit ermöglichen und dadurch die Einstellung zu uns selbst und unsere Reaktionen auf die Welt verändern.

In den feinkörperlichen Vertiefungen ist die vierte Stufe vollkommene Ruhe, die unsere geistige Energie erneuert und stärkt und von allen Unterscheidungen und "Ich"-Vorstellungen frei ist. Im formlosen Bereich wird der vierte Schritt "Weder-Wahrnehmung-noch-Nichtwahrnehmung" genannt. Bei diesem Erleben fehlt die Wahrnehmung von etwas Bestimmtem und es ist daher total ruhig und erholsam, verschafft geistige Energie, ermöglicht es, daß selbst die subtilste geistige Aktivität zeitweilig aufgehoben ist und ebnet den Weg für das "Verlöschen" (*nirodha*), das nur für

Nichtwiederkehrer und Erleuchtete möglich ist.

Es versteht sich von selbst, daß die Fähigkeit, sich für längere Zeit zu konzentrieren, automatisch unsere Unreinheiten verkleinert, so daß jemand, der stetig mit der Meditation fortfährt, eine allmähliche Verringerung seiner negativen Eigenschaften erwarten kann und auch ihre letztendliche Vernichtung. Solch ein Mensch kann aller Begierde ein Ende machen und *Nibbāna* hier und jetzt erreichen.

* * *

Glossar

Die folgenden Paliwörter enthalten Konzepte und Ideen, für die es im Deutschen keine entsprechenden Synonyme gibt. Die Erklärungen dieser Ausdrücke sind dem "Buddhistischen Wörterbuch" von Nyanatiloka Mahathera entnommen.

Anāgāmī: "Der Nichtwiederkehrende" ist der sich im Besitz der dritten Stufe der Heiligkeit befindliche Edle Jünger.

Anattā: "Nicht-Selbst" oder "Nicht-Ich" oder "Unpersönlichkeit." Diese Lehre von *anattā* oder der Unpersönlichkeit besagt, daß es weder innerhalb noch außerhalb der körperlichen und geistigen Daseinserscheinungen irgend etwas gibt, das man im höchsten Sinne als eine für sich bestehende unabhängige "Ich-"Wesenheit oder Persönlichkeit bezeichnen könnte.

Anicca: "Vergänglichkeit", ist eine Grundeigenschaft aller bedingten Vorgänge, seien sie körperlich oder geistig, grob oder fein, in der Innen- oder Außenwelt.

Anusaya: Die sieben Neigungen sind: "Sinnliches Begehren, Widerstreben, Ansicht, Zweifelsucht, Dünkel, Daseinstrieb, Unwissenheit."

Arahat/Arahant: Der Edle. Nach Versiegung aller Triebe erreicht er schon in diesem Leben die von allen Trieben freie Gemütserlösung, indem er sie selbst erkennt und verwirklicht.

Ariya: Die Edlen. Edle Menschen.

Avijjā: Nichtwissen, Unwissenheit, Verblendung gilt als die Grundwurzel allen Übels in der Welt, da sie eben den Erkenntnisblick der Wesen verschleiert und sie die wahre Natur der Dinge nicht erkennen läßt.

Bhavarāga/Bhavatanhā: Daseinsbegierde.

Citta-viveka: Geistige Abgeschiedenheit.

Devas: Die "Himmelswesen", eigentlich wohl die "Leuchtenden", sind in glücklicher Sphäre lebende und für die Menschen im allgemeinen unsichtbare Wesen, die aber genauso wie die Menschen und alle anderen Wesen dem beständigen Wiedergeborenwerden, Altern und Sterben unterworfen sind und die Daseinsrunde durchkreisen.

Dhamma: Das als das von dem Buddha erkannte und verkündete Gesetz ist zusammengefaßt in den sogenannten "Vier Edlen Wahrheiten."

Diṭṭhi: "Ansicht, Anschauung, Einsicht, Erkenntnis", wird aber, besonders wenn alleinstehend, meist im Sinne von verkehrter Ansicht, falscher Erkenntnis usw. gebraucht, seltener im Sinne von rechter Erkenntnis.

Dukkha: Erstens das körperlich oder geistig wirklich empfundene Leidensgefühl. Zweitens das Bedrücktsein aller Daseinsgebilde durch das immerwährende Entstehen und Vergehen. Drittens die Tatsache, daß alle angenehmen und glücklichen Gefühle infolge ihrer Vergänglichkeit den Keim des Leidens in sich tragen.

Jhāna: "Vertiefung" im weitesten Sinne ist jeder durch intensive Konzentration auf ein einziges geistiges und körperliches Objekt hervorgerufene Versenkungszustand des Geistes.

Kalyāṇa-mitta: Wörtlich "Edler Freund"; bezeichnet einen edlen, in der Lehre erfahrenen und an Jahren gereiften Mönch, der einem in der Geisteszucht ein Freund und Unterweiser ist.

Kamma/Karma: Wörtlich "Wirken, Tat"; bezeichnet, genau genommen, den die Wiedergeburt erzeugenden oder Charakter und Geschick der Wesen beeinflussenden heilsamen oder unheilsamen Willen sowie die damit verbundenen Geistesfaktoren. Karma bedeutet also keineswegs das Ergebnis des Wirkens oder gar das Schicksal von Menschen oder ganzen Völkern.

Kammaṭṭhāna: Wörtlich "Übungsgebiet"; nennen die Kommentare die geistigen Übungsobjekte.

Kāya-viveka: "Abgeschiedenheit" körperlicher Art, d. h. das Verweilen in der von lusterregenden sinnlichen Dingen freien Einsamkeit.

Khanda: "Gruppen" oder "Daseinsgruppen" nennt man die fünf Gruppen, in die der Buddha die dem oberflächlichen Beobachter eine Persönlichkeit vortäuschende gesamten körperlichen und geistigen Daseinserscheinungen eingeordnet hat, nämlich die Körperlichkeitsgruppe, die Gefühlsgruppe, die Wahrnehmungsgruppe, die Gruppe der Geistesformationen und die Bewußtseinsgruppe.

Lokiya: "Weltlich" nennt man alle nicht mit dem überweltlichen Pfade oder Pfadergebnis verbundenen Bewußtseinszustände und Geistesfaktoren.

Lokuttara: "Überweltlich" nennt man die als die vier überweltlichen Pfadergebnisse bezeichneten Bewußtseinszustände.

Magga-phala: Pfad und Frucht. Der Eintritt in einen der überweltlichen Pfade, auf den unmittelbar die Wirkung, die sog. "Frucht" folgt.

Māna: "Dünkel" ist eine von den an den Kreislauf des Daseins kettenden zehn Fesseln.

Māra: Wörtlich "Mörder" oder "Tod"; ist die Personifikation der die Weltmenschen überwältigenden Leidenschaften und Begehrensobjekte.

Mettā: "Allgüte" ist einer der "Vier Göttlichen Verweilungszustände".

Nibbāna: Wörtlich "das Erlöschen", das "Nirwahn"; bildet das höchste und letzte Endziel alles buddhistischen Strebens, d. h. das restlose "Erlöschen" allen in Gier, Haß und Verblendung sich äußernden, das Leben bejahenden und sich krampfhaft daran klammernden Willenstriebes, und damit die endgültige, restlose Befreiung von allem künftigen Wiedergeborenwerden, Altern und Sterben, Leiden und Elend.

Nīvaraṇa: "Hemmungen" nennt man fünf den Geist hemmende und den klaren Blick trübende Eigenschaften, bei deren Anwesenheit man weder die "Angrenzende und Volle Sammlung" (- samadhi) zu erreichen, noch die Wahrheit klar zu erkennen imstande ist, nämlich Sinnenlust (*kāma*-cchanda), Übelwollen (vyapada), Stumpfheit und Mattheit (thinamiddha), Aufgeregtheit und Gewissensunruhe (uddhaccakukkucca) und skeptischer Zweifel (vicikiccha).

Papañca: Eigentlich "Ausbreitung"; Weitschweifigkeit, ausführliche Auseinandersetzung, Entfaltung, Mannigfaltigkeit, Vielheit, Anhängsel.

Paramattha-sacca (dhamma, vacana, desana): "Im höchsten Sinne gültige Wahrheit" (Ding, Ausdrucksweise, Darlegung), sagt man zum Unterschiede von der bloß "konventionellen Wahrheit" (vohara-sacca).

Paṭiccasamuppāda: Die "Bedingte Entstehung" ist die Lehre von der Bedingtheit aller das sogenannte "individuelle Dasein" ausmachenden körperlichen und geistigen Phänomene.

Sacca: "Wahrheit". Die Vier Edlen Wahrheiten.

Sakadāgāmi: Der "Einmalwiederkehrende."

Sakkāya-diṭṭhi: Persönlichkeitsglaube. Die erste der zehn Fesseln, die beim Stromeintritt aufgegeben wird.

Sammā-samādhi: Rechte Sammlung. "Was aber ist "Rechte Sammlung"? Da tritt der Mönch, den Wunschobjekten entrückt, losgelöst von den unheilsamen Dingen (...) in die erste Vertiefung ein (...), in die zweite Vertiefung (...), in die dritte Vertiefung (...), in die vierte Vertiefung" (- jhana).

Samatha: "Ruhe, Gemütsruhe" ist ein Synonym von samadhi.

Saṁsāra: Eigentlich "Beständiges Wandern, Daseins- wanderung, Kreislauf des Daseins oder der Wiedergeburten"; ist die Bezeichnung des ewig rastlosen, auf- und niederwogenden Meeres des Daseins, des scheinbar unauflöslichen Prozesses des immer wieder und wieder Geborenwerdens, Alterns, Leidens und Sterbens.

Sangha: Wörtlich "Schar"; ist eine Bezeichnung für die Mönchsgemeinde. Als "Gemeinde der Edlen Jünger" bildet sie eines der zehn Meditationsobjekte und eines der drei Kleinode.

Saṁvega: Ergriffenheit, Gefühl der Dringlichkeit.

Sankhāra: "Formation", Gestaltung, Bildung; bezeichnet sowohl die Tätigkeit des Gestaltens als auch den passiven Zustand des Gestaltetseins, das Gestaltete, das Gebilde.

Silabbata-parāmāsa: "Hang an Regeln und Riten" ist die von dem Stromeingetretenen überwundene dritte von den zehn ans Dasein kettenden Fesseln und eine der vier Anhaftungen.

Sotāpatti: Stromeintritt. Der erste Schritt, um ein "Edler Jünger" zu werden.

Vicikicchā: "Skeptischer Zweifel, Zweifelsucht" ist eine der fünf geistigen Hemmungen und eine der auf der ersten Stufe der Heiligkeit überwundenen drei Daseinsfesseln.

Vipassanā: "Hellblick" ist das aufblitzende, intuitive Erkennen der Vergänglichkeit, des Elends und der Unpersönlichkeit aller körperlichen und geistigen Daseinserscheinungen.

Yathābhūta-ñāṇadassana: "Der der Wirklichkeit gemäße Erkenntnisblick" ist eine der 18 Hellblickarten.

Weitere Titel von Ayya Khema

Deutsch:

- Buddha ohne Geheimnis, Theseus Verlag Zürich
- Meditation ohne Geheimnis, Theseus-Verlag Zürich
- Sei dir selbst eine Insel, Theseus-Verlag Zürich
- Der Pfad zum Herzen, Diamant-Verlag, Jägerndorf
- Mörgenröte im Abendland, Barth-Verlag(Scherz) München
- Unsere Umwelt als Spiegel, Jhana-Verlag, Uttenbühl

Englisch:

- Being Nobody, going Nowhere,
  Wisdom Publications, London-Boston
  (Christmas Humphreys Memorial Award 1988)
- When the Iron Eagle Flies,
  Arkana(Penguin), London

Veröffentlichungen von Parappuduwa Nuns Island, Sri Lanka:

- Be an Island unto Yourself
- All of Us
- Little Dust
- Here and Now

Für weitere Informationen wenden Sie sich bitte an:

Buddha-Haus e.V. Meditations- und Studienzentrum
Uttenbühl 5
D-8967 Oy-Mittelberg
Telefon: (08376)502

Der Jhana-Verlag entstand aus der Arbeit des Buddha-Hauses einem buddhistischen Meditations- und Studienzentrum der Theravāda-Tradition.

Unsere Veröffentlichungen:

- **Dhammapada** des Buddhas Weg zur Weisheit
  mit Kommentar; aus dem Pali übersetzt vom Ehrw. Nyanatiloka Mahatera. Wörtliche metrische Übersetzung und Kommentar zu der ältesten buddhistischen Spruchsammlung, in deutscher Sprache. Die Übersetzung wurde vom Ehrw. Nyanatiloka Mahatera bereits 1943 abgeschlossen und das fertige Manuskript auf Wunsch des Ehrw. Nyanaponika Mahatera unverändert in dem vorliegenden Buch abgedruckt.
  Leinen gebunden, 372 Seiten ISBN 3-928396-01-3

- **Unsere Umwelt als Spiegel**
  Der Weg zum Frieden von Ayya Khema
  4 Vorträge über Dhammapraxis
  Broschiert, 60 Seiten ISBN 3-928396-02-1

- **Um was geht's den eigentlich ?**
  von Ayya Khema
  Broschiert, 20 Seiten ISBN 3-928396-04-8

- **Meditationen des Herzens**
  Liebende Güte Meditationen und ein Vortrag von Ayya Khema
  Inhalt der Buchbox: 2 Kassetten, Chromdioxyd, Digitalaufnahme,
  1 Beiheft LC 7660 (Lambdoma)

- **Erleuchtete Liebe 1992**
  Kalender für das Jahr 1992 (ein Sammelobjekt)
  mit Bildern von Buddha-Statuen.
  Größe 42x29,7 cm mit 13 Abbildungen ISBN 3-928396-00-5

Bestellungen oder Anfragen richten Sie bitte an:

Jhana-Verlag
Uttenbühl 5
D-8967 Oy-Mittelberg
Telefon: 08376-502, Fax: 08142-8377